ヤンキー母校に恥じる

河野啓
Kono Satoshi

ヤンキー母校に恥じる

目次

装幀◎西垂水敦（Krran）
カバー写真提供◎共同通信社
本文デザイン◎二神さやか
本文校正◎円水社
本文組版◎閏月社

序章　「祭りのあと」の二十年

ヨシイエ、と呼んでいた。

かつて長野県長野市にある彼の実家を取材した際、父親が「このあたりの家はほとんどヨシイエ姓だ」と語っていたが、私は彼のほかにヨシイエを知らない。ヒロユキという割とよくある名前ではなく、教師も生徒も私も、彼を苗字で呼んでいた。

義家弘介《よしいえひろゆき》氏。この原稿を書き始めた二〇二四年四月時点で五十三歳。衆議院議員の地位にある。「私はどんな時も、皆様の傍らにおります」と笑顔を見せる彼のホームページに、プロフィールが掲載されている。「平成11年、母校・北星余市《ほくせいよいち》高校の教師になる」とある。北星余市とは、私が長年、北海道放送（ＨＢＣ）のディレクターとしてテレビのドキュメンタリーに描いてきた高校だ。

一九八八年、北海道余市町にあるこの小さな私立高校は、全国に例のない編入制度を実施した。高校中退者を、中退した学年で受け入れるというものだ。それまでは二年時、三年時の中退であっても、再び高校で学ぶには、一年生として入学し直すしかないのが実情だった。高校中退者は当時、全国で十一万人にのぼった。北星余市の取り組みは注目を集めた。

この前年、長野市内の県立高校を二年生で中退していたヨシイエは、北星余市の二年生に編入した。このとき、十七歳。一年遅れの再出発だ。私は入社して二年目の二十五歳だった。

ケンカに明け暮れていたかつてのワルは、この高校で人の温もりと教育の力を知る。そして、教師に立場を変えて母校に帰ってきた。一九九九年、二十八歳のときだ。私は四年間にわたってヨシイエを取材し、「JNN報道特集」などでの特集も含めると七本の番組で、彼を描いた。

義家氏のかつてのホームページには「2003年TBSで全国放送された『ヤンキー母校に帰る』が大きな反響を呼んだ」旨の記載があった。「春の大感動スペシャル」と銘打った、二時間のドキュメンタリー番組だ。

その半年後には、同名の連続ドラマが始まった。私はこのドラマの制作にも関わった。ドラマも好評で、その時期の番組ホームページへのアクセスランキングは、TBSの全番組中トップだった。

ヨシイエ自身もこの年、二冊の本を刊行し、いずれもベストセラーになった。

ドラマチックだったこの二〇〇三年の大晦日、ヨシイエからこんなメールが来た。

《俺も今年は一生忘れられないであろう年になったよ。少しは恩返しができただろうか。おかげでこの場所に立ち続ける明確な決意ができました。新年会、楽しみにしてるよ。連絡します》

母校に立ち続ける決意を固めたはずの彼が、この一年三カ月後、母校を去った。やがて顔つきも主義主張も大きく変わっていく。「変節」「転向」と非難する人もいたが、彼を生徒時代に指導した先輩教師は「ワルだった昔に戻った」と評した。

まさかの政界進出、まさかの文部科学副大臣……。「教育」を熱く語る姿勢は変わらないが、語られる教育の理想は、かつてのヨシイエとは正反対、「別人」のものになった。

彼がことあるごとに「恩師」と持ち上げ、一緒に講演をしたこともある北星余市高校時代の担任、安達俊子《あだちとしこ》先生を悲しませた。

「ヤンキー」で有名になったあと、彼は北星余市の教師集団から孤立を深めていった。「学校を守りたいという思いは皆同じはずなのに、温度差を感じてしまう」と、私は彼から打ち明けられたことがある。だから当初は、彼の「母校を去る」無念に同情する思いもあった。

しかし、その後のあまりの変わりように、驚き、怒り、呆れ、最後は彼を世に出す大きなきっかけを作ってしまったことを後悔した。

そんな私が、今、彼のことを書こうとしている。気がつけば、彼がブレイクした「ヤンキー母校に帰る」から二十年が経っていた。

なぜ今、彼のことを書こうと思ったのか？

二〇二四年二月初め、義家氏の国会事務所に宛てた取材依頼の手紙に、その理由を正直に書いた。文面を抜粋する。

＊

義家弘介様

大変ご無沙汰しております。突然の、しかも直接の手紙を失礼します。

「あなたのことを書かないか」と以前、出版社の編集者に言われました。4年前上梓した『デス・ゾーン』という本の中で、少しだけあなたのことに触れたのです。編集者はそれを読んで「彼のことを書くことは河野さん自身のケジメにもなるのでは?」と言ってくれたのですが、私はやんわりと断りました。

あなたの言動が北星余市にいたころと大きく変わってしまったことは私のドキュメンタリーを見た人なら誰もが口にすることです。今更あなたのことを書いても誰のためにもならない、むしろあなたを利する結果になるかもしれないと思ったからです（かつて北星余市の教師たちも、あなたの本を読んで侮辱されたと感じ、訴訟を起こすことが職員会議で検討されたそうです。が、「むしろ彼の宣伝に使われる」と無反応に徹したと聞いています）。また本を出したとしても周囲から「おまえにはヤンキーしか作品がないのか?」と揶揄されそうな不安もわずかにありました。

しかし、「書いてみよう」と思うに至りました。

包み隠さず伝えますが、きっかけは一昨年夏の安倍晋三氏の死です。

あなたを政治の世界に引き込んだ人物なので、あなたがこの事件をどうとらえているのか気になりました。あなたのホームページ（その中のFacebook）を久しぶりに閲覧し、私は愕然としました。

あなたが安倍氏を「第二の恩師」と書いていたからです。「第一の恩師」がこの文章を見たらどう思うでしょう?（略）

今まであなたのことを書かなかったことを私は初めて後悔しました。あなたが退職してすぐに、ちゃんと書いておくべきでした。自分で書かないまでも、あちこちから取材依頼があったのに私はノーコメントを貫いた、無責任だったと猛省しました。

大きな力によって史実が曲げられたり、なかったことにされたり、美化されたりする風潮は、安倍一強時代に顕著になったと実感しています。放送局の中でも些細なことに上層部や営業担当が目くじらを立てるようになりました。

あなたのことを書くことで、こうした時代に抗おうというのではありません。

あなたは別段、この時代を象徴する人物ではないし、私も大きな志の持ち主ではありません。私は、ささやかな事実を書き留めておきたいだけです。

私とあなたを知るごく限られた人たちの、大切な記憶を形に残しておきたい。歪められたくない。それだけは守りたい。（略）

当時を知る教師や寮父母は高齢となりました。学校も一度は廃校を食い止めましたが、いつまで存続するかわかりません。

その中で、私が知る北星余市、私の知るヨシイエ（そう呼ばせてもらいます）を書き残しておきたいのです。（略）

一方的に書く気はありません。「ヤンキー」放送から20年、あなたの歩んだ道のりは私には不可解でしかありませんが、あなたにしかわからないことがたくさんあったと思います。

あなたの過去、現在、未来について、インタビューをお願いできませんか？

この取材依頼は去年の初めに出そうと考えていました。

しかしあなたがケガをしたと知って控えました（その後、体調はいかがでしょうか?）。今はそれ以上に大変な時期であることは容易に想像がつきます。あなたのFacebookは去年の12月半ばから更新されていません。

「インタビューなんて受けている時じゃない」と思われるのも当然です。

この点は平にお願いするしかありません。

私にも残された時間は長くはないのです。（略）お互いにもう一度、原点を見つめてみるのも悪くない気がするのですが、いかがでしょうか？（不快で余計なお節介でしたら、ご容赦ください）（略）

＊

取材に応じてほしいと願う一方で、私の中には、難しいだろう、という予感があった。彼にとって触れられたくないであろう過去を、私は多少なりとも知っている。警戒心が働いて当然だ。しかもこの時期、自民党安倍派は、裏金問題で大揺れに揺れていた。

私の本心を素直に伝えた手紙だが、文中、所々少しだけ、彼の闘争心を刺激する言葉づかいをした。こうした状況下で私と向き合ってもらうには、そのほうが有効だと考えたからだ。

義家氏に取材を申し込むにあたって、私は二人の人物にあらかじめ了解を取っていた。

一人は、前述した彼の恩師、安達俊子さん（81歳・年齢は原則二〇二四年四月時点。以下同）だ。

「河野さんのお考えですから、私なんかに断る必要などありません。どうぞ書いてください。目が悪くなって、本を読むのは難しくなりましたけど」

余市町内の自宅。ソファーに座って愛猫のラミちゃんの背中を撫でながら、そう言ってくれた。それは本心だと思う。教え子の変貌に一番傷ついたのは俊子先生だろうから。だが、やがて私は気づくことになる、俊子先生の身に、視力よりも重大な「異変」が起きていたことに。

もう一人相談したのは、ヨシイエの北星余市の同級生で、札幌に住む、てつじ（高橋哲慈《たかはしてつじ》さん・52歳）だ。彼は毎年の忘年会や、札幌を訪れた懐かしい卒業生との食事会に誘ってくれる、私の大事な友人である。体重百キロを超す巨漢で柔道の有段者。タイマン（1対1のケンカ）で負けたことがない。いつもニコニコと明るく、高校時代から懐の深さを感じさせた。もし、てつじに「いやあ、暴露本かい？　それはイカしてないわ、河野さん」とでも言われたら、執筆は取りやめたかもしれない。

「本発売したら、皆で買って読ませて頂きます！」とLINEに返信があった。コミック『SPY×FAMILY（スパイファミリー）』のアーニャのスタンプ付きだ。「ふふっ」とニヤリとした顔と、「たのしみ」とキラキラした笑顔の二枚。私の覚悟も決まった。

てつじに了解を得ておこうと思ったのには理由があった。彼は義家氏が国会議員になった二〇〇七年、氏から「秘書にならないか？」と持ちかけられた。てつじはその話を断り、「しんちゃんはどうか？」と提案した。当時仕事を探していた親友、同じ姓の高橋慎一《たかはししんいち》さん（52歳）。北星余市の生徒会長で、クラスもヨシイエと同じだった。しんちゃんは余市、てつじは小樽、ともに北星余市に一年生から在籍した「地元組」。彼らが二年生に上がるタイミングで、ヨシイエら転編入生（中退後の編入ではなく、在籍する高校に居場所がなくて転入した生徒も多かった）が全国からやってきた。

しんちゃんはてつじの仲介で義家氏の秘書となり、今も勤務している。私が今回、義家氏宛に直接手紙を出したのは、彼の公設第一秘書であるしんちゃんに迷惑をかけたくなかったからでもある。


私は長年勤めた北海道放送を、二〇二三年に定年退職した。北星余市をテレビ番組で描くことはもうない。取材を休んだ「留年期間」も長かったが、私はこの高校と三十七年つきあった。卒業論文を書く思いで、今この原稿と向き合っている。

できあがった本に対して、さまざまな批判が寄せられるかもしれない……私怨《しえん》、裏切り、個人攻撃、粗探し、無責任、ジャーナリスト失格……。私に迫ってくるのは、もしかしたら言葉だけではないかもしれない。

不安が大きい一方で、一つだけ、ほんの小さな確信もある。もし、生徒時代あるいは教師時代のヨシイエを実際に知る人たちが読んでくれたとしたら、（この本が好きか嫌いかは別として）こう感じてくれるのではないか？

「ヨシイエ（もしくは義家氏）自身が著した彼よりも、この本に綴られた彼のほうが、自分の知るヨシイエには近い」

この本で初めてヨシイエや北星余市高校を知る人たちにとっても、何かしら琴線に触れるものがあれば……そう願いながら書き進めていきたい。

一九九〇年三月。しんちゃんは、北星余市高校の卒業式で答辞を読んだ。

「二年生からは高校中退者を受け入れて、長く激しい三年間でした。私にとっての北星余市とは？　仲間が語っています」

同期生数人の言葉を、しんちゃんは紹介した。それは政治経済の最後の授業で生徒たちが書いた言葉を抜粋したものだった。教科担当は、そのとき彼らの学年主任でもあったガンさん（岩本孝一《いわもとこういち》先生・当時43歳）。

毎年「学校とは何か?」というテーマで、生徒たちにリポートを課す。それが卒業テストだ。しんちゃんが紹介した中に、ヨシイエの言葉もあった。

「『温かさを知った。理不尽な教育がまかり通る中で、教育とは愛であることを教えられた。』３Ｃ義家弘介くん」

ヨシイエは号泣していた。しんちゃんは答辞をこんな言葉で締めくくった。

「みんな、いい生き方しような」

私の手紙に、義家氏からの返信はなかった。

第一章　バクダン貴公子

寄り添う影

二年生だろうか？　あんなに体をくっつけてよく歩けるものだ……。

一九八八年の十二月。雪が積もった北星余市高校の前の道を、制服姿の一組の男女が下校していく。彼は右手で彼女の肩をきつく抱き寄せていた。長い髪をリボンでまとめた彼女は、左の頬と両手を彼の胸に預けている。密着度が尋常ではない。恋人同士の甘やかな雰囲気とは異質だった。「こうしていないと二人とも生きていけないんだ」とでも言うような危うさと哀感があった。

学校の取材に訪れた私は車の速度を落として、寄り添う影を横目で追う。二人の姿が目に付くようになったのはこの一カ月ほど前のことだったが、私には一つの疑問があった。

当時の北星余市高校はツッパリ全盛期で、「喧嘩上等」とうそぶく強面《こわもて》の生徒がたくさんいた。そんな彼らが仲睦まじいカップルを目にしたらどうだろう？　「見せつけてんじゃねえぞ」と絡んできても不思議ではない。そうならない理由が、やがてわかった。

「学校に苦情が入ったんです。あの二人どうにかしろ、子どもだって見てるんだぞ、って……町の人から」

二年C組担任で生徒たちから〝アダチ〟と呼ばれる安達俊子先生は、そう言って顔をしかめた。私が尋ねるまで、先生は職員室で電話を受けながら何度も頭を下げていた。「あの二人」が二年C組で、男子生徒がヨシイエだと知ったのはそのときだ。

私は当初、学校の要望もあって三年生のクラスを取材していたが、ヨシイエの噂は耳にしていた……。

「二年生にアブないヤツがいる」

やがて数々のエピソードが具体的に聞こえてきた。

中でも一学期に起きた「爪はぎ事件」には、ぞっとした。全国各地から親元を離れてやってきた北星余市の転編入生は、余市町内にいくつか点在する学生寮に暮らす。その学生寮でヨシイエは、気に食わない三年生に夜襲をかけ、何発も蹴った。それを知った、学校でもボス格だった別の三年生がヨシイエに凄んだ。

「先輩にこんなことをして、ただで済むと思ってんのか？　オトシマエをつけろ」

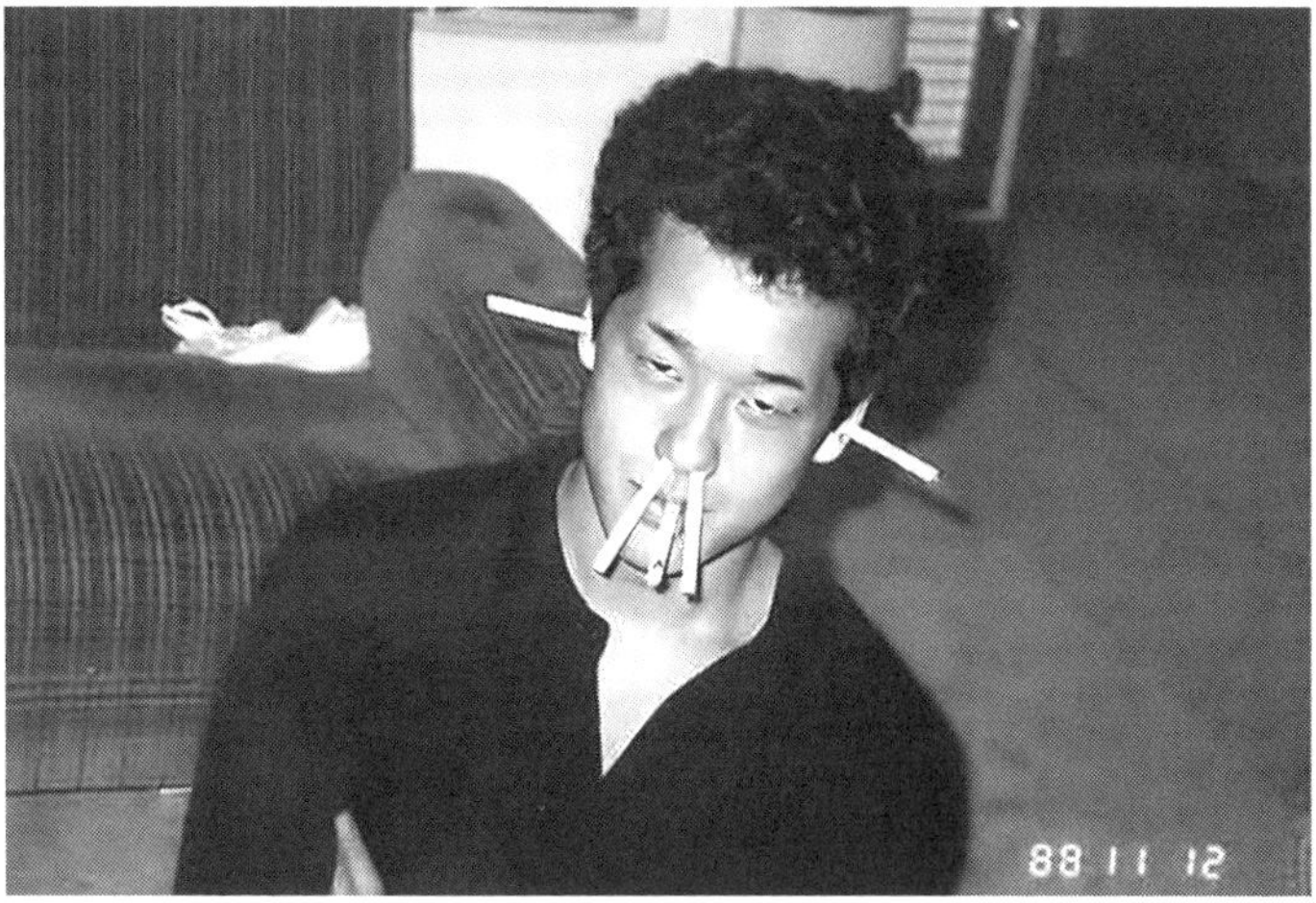

「2年にアブないやつがいる」と噂になっていたヨシイエ(1988年11月)

……ヨシイエは、自らの両足の指の爪をナイフで剝がしたのだ。「これでいいですか」と。ケンカが強い生徒はたくさんいたが、こんなエキセントリックな行動をする生徒はほかにいなかった。

どんな姿形をしているのか、噂からはイメージが湧いてこなかった。『ビー・バップ・ハイスクール』(当時大流行していた、不良たちが主人公の漫画)の登場人物のような、長身でマッチョなわかりやすい不良とは違う予感はあった。女子生徒と寄り添う姿は想像していなかったが、落ち着いてみると、意外というよりむしろ「なるほど」と胸に落ちた。

身長百七十センチ弱で細身。ソリの入ったパンチパーマ。上は短ラン(丈の短い変形学生服)、下はボンタン(幅の広いダボダボの学生ズボン)のツッパリファッション。そうした身なりはよく目にするが、彼女との寄り添い方は特異なものだ。常軌を逸した爪はぎ事件と相通じるものがあった。

「先生は俺たちをそんなふうに見てるんですか！　ふざけんな、そんなんじゃねえぞ、俺たちは！」

イチャツキ登下校の指導に入った俊子先生に、ヨシイエが抗議の怒声を上げていた。職員室とドアでつながっている校長室（来客がないときは生徒指導にも使われていた）から聞こえたと思うが、ほぼ同時期、放課後の教室でもヨシイエが先生と言い合う場面を目撃しているので、そっちだったかもしれない。小柄な体からは想像できないほどの大声を出す。木造モルタルのオンボロ校舎の窓ガラスを、時おり震わせていた。

声量に加え、相手を威嚇する顔つき……。しかも、とびきり弁が立つ。このときも「俺たちは清らかな関係だ」「変な想像するな」「放課後どうすごそうが俺たちの自由」「人権侵害」「干渉するんじぇねえ」といった類の言葉をまくし立てていた。

全国から集まったヨシイエら七十九人の転編入生は、さまざまなカラーと問題をこの高校に持ち込んだ。

暴走族のリーダーだった生徒もいれば、人と話ができない保健室登校のハシリだった生徒もいる。年齢もさまざま。ガンさん（岩本孝一先生）のクラスに入った二十二歳の男性生徒は、余市町内のスナックでボトルをキープして謹慎処分を受けた。酒やタバコ、シンナーなどの薬物、下宿でのイジメ……教師たちは昼夜を問わず指導に追われた。だが、ガンさんもアダチも弱音を吐かなかった。

「うちは開校当初から道立高校に落ちた生徒の受け皿だから、入ってくる子は挫折感や学校不信をひきずっている。毎日のように事件が起きた。中退者を受け入れる素地はすでにできていた」

高校中退者受け入れから二カ月が経った一九八八年六月、「教師研修会」が二日にわたって学校内で行なわれた。二カ月間で見えてきた課題と、今後の対応について話し合われた。

のちに「嫌がる先生もいる」とのことでこの研修会に取材のカメラは入れなくなったが、当時は取材ができた。目の前の生徒指導で手がいっぱいでマスコミの取材対応マニュアルなど協議できなかったというのが実情だろうが、私は学校の姿勢に敬意を持った。

「この学校は外部の声を、批判を含め受け止める。そのかわり報じる側にも責任を求める」

……そう言われた気がした。

俊子先生も二年C組のクラス状況と、十九人の転編入生について報告した。ヨシイエのことを「前の高校では気にくわない先生を殴ったこともあったようだ」「珍しいくらい、繊細な考え方をする。彼に注意をするときは言葉を選んでいる」と先生は語っていた。

北星余市での生徒時代を知る教師たち（故人も含めて）のヨシイエ像は、三パターンだ。

「キレる」

「屁理屈」

「べたー（彼女とくっついている）」

担任の俊子先生は、後年、私のドキュメンタリーの中でこう述懐している。

「ヨシイエ君は目が印象的でした。人の胸をナイフでえぐるような鋭い目と、暗くて寂しそうな目。そのときの精神状態で別人のように目が変わるんです」

そして、こうも言った。

「爆弾みたいな生徒でした」


密着取材が二年目に入った一九八九年の七月。その爆弾は私のほうにも飛んできた。

三年生になって、ヨシイエもクラスも落ち着いてきた。しかし、まもなく一学期の期末テストというときに、その事件は起こった。

俊子先生が三年C組の教室に入る。私たちは先生の授業を取材すべく、教室の後ろでカメラを構えていた。すると突然、一番前の席にいたヨシイエがキレたのだ。「ふざけんな」「てめえらの都合で」と大声を上げ始めた。何が起こったかわからなかった。

あとで聞くと、時間割では別の教科が予定されていたが、俊子先生の英語の授業がテスト範囲まで進んでいなかったため、教科担当の先生に授業時間の交換をしてもらったのだった。ヨシイエに言わせれば「大人の都合」なのかもしれないが、そこまで怒ることなのか、と教室内の誰もが怪訝《けげん》そうに見ている。立ち上がって教室を出ようとするヨシイエを、俊子先生と、一緒に下校する彼女が懸命に制止する。先生も彼女も泣いていた。

ヨシイエは教室の後ろにいる私たちに背中を向けていたので、撮られていることには気づいていなかった。ところが、カメラマンがアングルを変えようと足早に前に出た。私は慌てて止めようとしたが間に合わなかった。カメラが左の視界に入った瞬間、ヨシイエは叫んだ。

「撮ってんじゃねえよ、バカヤロウ！」

私は「申し訳ない」とその場で平謝りした。ヨシイエは「うるせえ、バカ」とか「誰の許可得てやってんだ」とか文句を言っていたが、先生への剣幕ほどではなかった。私は俊子先生に「失礼しました」と言って、スタッフと一緒に教室を出た。

放課後、私はヨシイエが教室から出てくるのを待って「すまなかった。放送することはないから」と告げた。彼は、猫背で顔を少し右下に傾《かし》げた独特の姿勢のままコクリと頷き、彼女と一緒に帰って行った。

それから数日経った、一学期の終業式の日。三年C組では、生徒全員にジュースが配られた。俊子先生の自腹だ。二年生のときはクラスで連日のように事件があったが、持ちあがりで三年生になった一学期、「謹慎処分ゼロの学期」を初めて達成した。乾杯の発声はクフス委員長のヨシイエだった。

「俺も二年のときは謹慎を喰らいましたが、この一学期、俺もみんなも頑張って謹慎に入ることなく終わりました。夏休み、それぞれの地元に帰りますが、元気に乗り切って、二学期に再会しましょう。それでは、乾杯!」

クラス一の問題児の音頭に、俊子先生も嬉しそうだった。

最後のホームルームではテストの成績も渡された。それをのぞき込んでいたヨシイエが、私の視線に気づいて目を上げた。彼は少し微笑むと「見て」と私に成績表を見せた。どの教科も上位の成績だ。勉強ができることは知っていた。「大学に行きたい」と希望していることも俊子先生から聞いている。

先生からはもう一つ聞いていたことがあった。私は地雷を踏む覚悟で、ヨシイエに尋ねた。

「夏休みは長野に帰るの?」

ヨシイエの顔から笑みが消えた。マズかったか……。私は血の気が引いたが、少しの間のあと、彼は正直に答えた。

「いや、寮にいます。父と仲が悪いので帰れない」

先生の話していたとおりだ。私は一呼吸おいてから言った。

「じゃあ夏休み中に寮で取材させてくれないかな? 話したくないことは話さなくていいから」

ヨシイエが私を見た。教室で怒鳴り声を上げたときの鋭い目つきではない。

「わかりました。寮のおばちゃんにも伝えておきます」

取材者の戸惑い

夏休みにあった出来事について書く前に、ヨシイエがなぜ北星余市高校に編入することになったのか、また北星余市高校はどうして中退者の受け入れに踏み切ったのか、それぞれの歩みと抱えている事情を綴っておきたい。


ヨシイエは、一九七一年三月三十一日、長野県長野市で誕生した。

彼は実の母親の顔を知らない。産まれてすぐに両親が離婚したからだ。父親はまもなく再婚。継母が彼を育てた。

幼いころから二人の親に反発してきた義家少年は、中学生になると父親と取っ組み合いのケンカを繰り広げるようになる。警察官が駆け付けて、止めに入ったこともあった。不動産業を営んでいた父親の弘さんは、二〇〇一年、私にこう語っている。

「弘介が子どものころは、言うことを聞かないと柿の木にくくりつけたこともありました。私自身気性が激しかったけど、ケンカは遊びの延長みたいなものですよ。私も息子も空手を習っていたし、いいところに入るとお互いカーッとなっちゃって」

かつての不良仲間にも会った。長野県内の郵便局に勤めていた秋葉さん（仮名）だ。

「ヨシイエは人を殴る蹴るは日常茶飯事でしたけど、とくに先生の髪に火をつけたりとか」

私は「え！」と声を上げそうになった。恐ろしいエピソードを、表情変えず、履歴書を読み上げるように淡々と語ったのが印象的だった。

東京都内で撮影用の貸しスタジオを四店舗経営するババ（馬場伸芳《のぶよし》さん・51歳）は、ヨシイエの二期下で寮も同じだった。スタジオ経営の前はファッション誌の腕利きカメラマン、その前はプロのキックボクサーという異色の経歴を持つ。ヨシイエと同じ長野市の出身で、中学時代は名の知れたワルだった。

「中学って市内に十校ちょっとだったから、ケンカ強いやつならすぐわかるんですよ。学校横断して名前が聞こえてきますから。でもヨシイエっていうのは聞いたことがなかったし、彼が入った高校もボクのまわりでは行くやつ一人もいないような進学校で。まあそこが逆に気持ち悪いって言うか、変な爆発力ためこんできたのかなっていう、奇妙な怖さはありましたね」

ババはもう一人の一年生とヨシイエの部屋に呼ばれ、一発ずつ殴られたことがある。

「北星に入って半年ぐらいしてからだったと思いますけど、殴られた理由も覚えていないですね、何か因縁つけられて。虫の居所が悪かったんじゃないですか」

度重なる暴力事件で県立高校を退学処分になった義家少年は、家にもいられなくなり、児童相談所を経て、里親のもとに引き取られた。長野市内で暮らす曽根川秀衛《そねかわひでえ》さん、多美《たみ》さん夫妻だ。

私が二〇〇一年に取材に訪れると、曽根川家のリビングには一枚の絵が飾ってあった。リンゴの絵だ。構図はしっかりしている。だが、描かれたリンゴは赤くない。真っ黒だった。義家少年が中学二年のときに描いたものだ。

「高校中退者を全国から受け入れます」

そんな新聞記事を見た曽根川さんの勧めで、ヨシイエは北星余市高校の門をくぐることになる。

札幌から西へ約五十キロ。北海道余市町はブドウやウイスキーの産地として名高い。北星余市高校は、自然豊かなこの町に一九六五年、開校した。それまで余市周辺には北海道立の余市高校しかなく、ここに入れなかった生徒は札幌や小樽の高校まで汽車で通わなければならなかった。その状況を改善したいと余市町が誘致を働きかけたのが、大学など複数の学校を運営する札幌の北星学園だった。

開校と同時に十人の教師が着任、英語担当の安達俊子先生もその一人だ。公立高に届かなかった生徒の受け皿という宿命を背負いながらも、教師たちは力を合わせて教育の灯をかかげてきた。しかし、地域の過疎化とともに、北星余市の生徒数も減少の一途をたどる。一九八七年、北星学園は余市高校を廃校にする方針を固めた。

廃校案をくつがえすための起死回生の策として打ち出されたのが、高校中退者の受け入れだった。仕掛け人はガンさんだ。

ガンさんが顧問だった北星余市の新聞局は、優れた学校新聞を作り、全国の高校が参加する新聞コンクールでしばしば入賞していた。ガンさん自身も政治経済の授業を、新聞記事を教材に行なっていた。こうしたユニークな取り組みを取材するため、朝日新聞の記者が東京からガンさんを訪ねてきた。この記者にガンさんはこう力説した。

「全国には十一万人もの高校中退者がいる。その一方で、地方には過疎で廃校の危機に直面している高校もある。私たちは高校中退者を全国から受け入れたい」

前述したが、当時、一度中退した生徒がもう一度高校に通うには、別の高校に一年生として入学し直すしかなかった。ガンさんはその仕組みにも異議を唱えた。

「三年生のときにやめた生徒は、二年生までの単位は取っているのだから、その分は認めてやって、三年生の一年間だけやり直せばいいと思うんだ。やめた学年からの再出発、そんな編入制度を導入したい」

この提案は、学園はもちろん、北星余市の同僚たちのコンセンサスも得ていない、ガンさんのスタンドプレイだった。だが、全国版に掲載された記事は反響を呼んだ。前述したとおり、ヨシイエの里親、曽根川夫妻もこの記事を読んで彼に編入を勧めたのだ。

「取材して番組にしろ」

一九八八年三月、上司（報道部デスク）が私に新聞の切り抜きを差し出した。朝日新聞を始めとする数紙の、北星余市に関する記事だった。「取材して番組にしろ」と言う。その後何十年もこの高校に通うことになろうとは、このとき思ってもみなかった。

始業式が一週間後に迫っていた。全国から来た中退者が初登校する。私は取り急ぎ、学校に取材の挨拶に行くことにした。

北星余市高校の前の道は、当時未舗装でデコボコ。近くのブドウ畑にも遠くの山々にも残雪があった。学校を囲う塀がなく、木造モルタルの校舎がドンと視界に入る。車を下りると、まだ冷たい風が春の匂いを運んだ。

建付けの悪い引き戸を開けて中に入ると、雑巾のモップで廊下を拭く人。窓ガラスにハタキをかける人、教室の床にこびりついたガムをゴリゴリ削る人……教師たちが総出でオンボロ校舎を掃除していた。

その光景が心に残った。仕方なくやっているのだろうが、私には教師たちが学校を慈《いつく》しんでいるように見えたのだ（翌年の春、私はスタッフとともにこの大掃除の場面を撮影した。初めて作る北星余市のドキュメンタリーのラストシーンになった)。

始業式の日。登校してくる生徒たちを見て驚いた。ツッパリのオンパレード、さながら変形学生服の博覧会だ。新聞記事に掲載された「やり直しの青春を応援する学校」の写真を、どこか美しすぎる、と感じてはいたが……それにしても。記事から受けた印象と目にする現実のギャップに戸惑った。

「これ、テレビ出んの？」とリーゼントのおニイちゃんが聞いてくる。人懐こい笑顔だ。パーマをかけた化粧の濃い女子生徒が「イエーイ」とＶサインを見せる。そうした弾んだ印象の生徒ばかりではない。カメラにガンを飛ばす生徒もいれば、つぶしたカバンで顔を隠して通りすぎる生徒もいる。玄関の前を行ったり来たりするばかりでなかなか中に入れない男子生徒がいた。小太りでメガネをかけた気弱そうな生徒だ。放課後に事務室の前でも、彼を見かけた。書類が入った封筒を手にしているのだが、事務員に声をかけられない。後ろからほかの生徒が来ると、避けて順番を譲ってしまう。見かねて、私が事務員に声をかけた。その後、彼の姿を学校で見ることはなかった。

始業式を取材するテレビ局は、私たちだけではなかった。四つの放送局が訪れていた。三年生のクラスもちょうど四クラス。

教頭だった深谷《ふかや》哲也《てつや》先生（のちに校長を長く務める）が、「ＮＨＫさんは三年Ａ組、ＳＴＶ

さんはＢ組、ＨＢＣさん（私たち）はＣ、ＨＴＢさんＤ」と割り振った。この日だけかと思ったが、数日後「そのときのクラスを追って」と言われた。

三年生の卒業は当然描くことになるのだろうが、私としてはクラスを限定されて追うよりもさまざまな生徒を取材したかった。この年、やり直しの高校生活を始めた転編入生七十九人のうち、五十九人が二年生だった。私が割り振られた三年Ｃ組は五人のみ。「高校中退」というテーマにどこまで迫れるか、不安だった。秋が深まるころ、私が学校に要望した結果、二年生の教室にもカメラが入れるようになった。

それでも取材は思うように進まなかった。まずプライバシーの壁が、厚く高かった。高校中退という十字架は、当時とてつもなく重かったのだ。とりわけ生徒の親にとっては。

私がインタビューを断られた生徒が、学校内で新聞や雑誌の取材を受けているのを目にしたこともあった。匿名で書ける活字メディアが羨ましかった。始業式の日に学校を訪れた四つの放送局のうち、二つの局はすでに取材をやめていた。

手探り状態のまま一年近く経過した一九八九年三月。放送日が迫ってきた。取材は一向に深まらない。教師と生徒が怒鳴り合うインパクトのある映像が撮れても、その奥底にある、教師の思いや、生徒の渇きまで取材する力が当時の私にはなかった。同時に、自分自身の思い上がりにも気づかされた。

「一度高校生活に挫折した若者が、過去を悔い改めてやり直す。その頑張りを応援してやろう」

　私はどこかでそう思っていた。思い違いも甚だしい。ある女子生徒は進学校で授業についていけなくなった自分自身を「高速道路を横切る車のようなものだ」と表現した。「俺はある規格からは外れたかもしれないけど、不良品ではない」と語る男子生徒もいた。

　私が高校生だったころ、彼らのようなことを言えただろうか？　感受性豊かな生徒たちと独特の存在感を放つ教師たち……ここには宝石がたくさん埋まっているのに、自分には掘るスコップがない、そんな挫折感を味わった。北星余市の初めてのドキュメンタリーは、悔いの残る作品となった。

　もう一年追わせてほしい、と上司に言ってよいものかどうか迷っていたとき、思わぬ助け舟が入った。全国ネットで放送されていた一時間のレギュラー番組「地球発19時」。制作する毎日放送から、共同制作の依頼が舞い込んだのだ。北星余市高校を一年間取材して二回放送したいという。東京のスタッフとの共同演出だ。

　会社の上司は「滅多にない機会だから、しっかり勉強してこい」と私の担務を調整してくれた。私の頭の中で、賛美歌が鳴り響いた。

　この番組がなければ、ヨシイエの三年時の取材はできなかった。

貴公子の置き手紙

話を一九八九年の夏休みに戻す。

二年生のときに同じ寮の三年生に夜襲をかけたヨシイエはその寮を退寮処分となり、新設されたばかりの愛星寮《あいせいりょう》に移った。長期の休みには生徒を地元に帰すのが基本だが、現在はそれがルールになっている。寮父母たちにも休養が必要だからだ）、地元に帰れないという生徒も少なからずいた。愛星寮には、ヨシイエと、千葉県で暴走族だった前田（仮名）が夏休み中も残っていた。

ヨシイエと取材の約束をした日時は、夏休みの終盤だった。約束の日の数日前、彼に確認の電話を入れた。携帯電話などない時代だ。寮の電話でヨシイエは「合唱コンクールで歌う曲を選ぶために小樽のCD店に行ってきた」と話していた。

八月下旬に夏休みが明けると、学校では九月の学園祭に向けた準備が始まる。学園祭の初日に催されるのが、クラス対抗の合唱コンクールだ（二学期初めのホームルームで、合唱曲は男性デュオ「H2O（エイチツーオー）」の「想い出がいっぱい」に決まった）。

しかし取材当日、愛星寮を訪ねると、ヨシイエの姿はなかった。寮母の清水ツメ子さん（当時44歳）が気の毒そうに私を見ると、食堂のテーブルを指した。プラスチック封筒が置かれて

1989年9月の学園祭。バンド「義家様御一行」でヴォーカルを務めるヨシイエ

いた。どこで買ったのか、ラムネ色のベースに赤や黄色の斜線が入ったオシャレなデザインだ。便せんが一枚入っていた。

「自分にとって北星余市は、ただの通過点に過ぎません。肯定も否定も客観視もされたくない。わかってください」

丁寧に書かれたきれいな文字だった。ウメ子さんの声がした。

「電話で言えばいいのにね、あの子も。……わざわざ来てもらったのにごめんなさいね」

と札幌から来た私を気遣ってくれた。ウメ子さんはこう付け加えた。

「あの子は、貴公子だから」


九月の学園祭。

私が印象に残っているのは、合唱よりむしろ生徒有志によるバンドのステージだ。バンド名

「義家様御一行」という四人組は秀逸だった。

ヴォーカルのヨシイエは、尾崎豊やザ・モッズを熱唱した。そのときのヨシイエはパンチパーマをやめ、地毛であるサラサラのストレート。間奏の際、その髪を片手でかき上げる仕草は、まさに貴公子だ。歌唱力もあった。大学生のときに「遊び半分で」何かのオーディションにデモテープを送り、一次だったか最終だったかは失念したが、「審査を通過した」と後年本人から聞いたことがある。

もっともこのバンドでドラムを務めたケイ（矢島圭《やじまけい》さん・当時19歳）に言わせると、「カラオケのうまいレベル。声量はあったので、きちんとボイストレーニングをすれば、そこそこにはなったかもしれんけど」とのことだった。大阪出身のケイは、ヨシイエと同学年で寮も同じ愛星寮だった。

ケイはバンドに熱中するあまり出席時間数が不足して大阪の高校を中退、北星余市の三年生に編入した。卒業後はパンクバンドのドラマーとして活動した時期もある。その後、介護の仕事に就き、現在は責任ある立場だ。私はケイとは今でも交流がある。改めてヨシイエの印象を聞いてみた。

「うーん、キレどころがわからんやつでしたね」

1989年、中央がリーゼント姿のヨシイエ。向かって一番左がケイ

涙の胴上げ

ケイと同じく関西出身で三年生から編入した山元（仮名）という生徒がいた。ラグビー名門校の部長だったが、下級生への暴力事件の責任を取って学校を退学した。山元は北星余市に初めてラグビー部を作った。

その山元も愛星寮だったが、一九八九年秋、同級生より一足早く東京の私立大学に合格してから寮で孤立するようになった。これには私が共同演出で参加した先述の「地球発19時」が影響している。

自己推薦による一芸入試に、山元はラグビーの実績をアピールして臨んだ。その面接の場に、取材のカメラが同行した。大学としてはテレビで全国に自校の名前が流れれば、宣伝になる。

事前の打ち合わせで大学側から「仮にその生徒が受からなかった場合はカットですか？」と聞かれた制作プロデューサーは、「はい、カットです」と即答した。だからかどうかはわからないが、山元は合格した。

山元の中には期待もあっただろう。「テレビがついていれば、自分に対する心証は良くなるはず」と。あって当然だ。

しかし、大学側との打ち合わせについては、当の山元も含めて生徒たちは誰も知るはずがない。それにもかかわらず、山元の合格を快く思わなかったのがヨシイエだ。

彼自身は北星余市高校の学校推薦で、東京の明治学院大学を目指していた。寮の消灯時間になると相部屋の寮生に気遣って、廊下に座布団を敷き、小さな座卓をライトで照らして勉強していた。ヨシイエの目には山元が「テレビを利用して合格をつかんだ」と映ったようだ。

寮の夕食は午後六時からだが、山元だけは午後八時ごろ、寮生全員が食べ終わってから食堂に下りてきた。十分もかけずに食事を平らげ、そそくさと部屋に戻っていった。

私は山元に申し訳ないことをした気分になった。

一九九〇年三月。ヨシイエたちの卒業式の前夜だった。

愛星寮の寮父・清水幸雄《しみずゆきお》さんが、なじみのスナックに卒業する三年生たちを連れて行った。

当時は酒に対して学校も寮も大らかだった。飲酒はもちろん謹慎処分の対象だが、管理人がついて生徒たちがハメを外さないよう注意を払うなら問題視はしない、という暗黙の了解があった。よく卒業までこぎつけたな、とねぎらってやりたくなるのも人情だ。

山元だけはその席にいなかった。彼の話題になったとき、私の正面にいたヨシイエが吐き捨てた。

「あの野郎、ぶっ殺してやろうか」

私はヨシイエの水割りのグラスにウイスキーを注いだあと、静かに口を開いた。

「あいつが仮にテレビを利用したとしても、それは生きる上での選択じゃないかな。それを否定する権利は誰にもないはずだ。あいつを責めるのはおかしい。俺が責められる筋合いでもないと思うけど、気が済むなら俺がおまえに謝る。テレビの取材が入ったことで起きたことだから。ヨシイエが不愉快に思うのは勝手だけど、山元に当たるのは違うと思う」

ヨシイエは返す言葉を探している様子だった。やがて、

「いや、俺はあいつが羨ましかったんですよ」。

そのヨシイエも明治学院大学法学部に合格していた。私たちはグラスを合わせた。卒業と大学進学に乾杯した。

翌朝。卒業式の取材を前に、古い校舎のトイレに入ると、「おい、コウノ!」と後ろから声がした。ヨシイエだった。胸に赤いリボンを付けている。もうすぐ晴れの舞台に臨むのだ。

並んで用を足しながら、ヨシイエはポツリと言った。

「今日、撮ってよ」

学園祭で合唱した「想い出がいっぱい」の録音テープが流れる中、クラスの一人一人が壇上で卒業証書を手にしていく。校長から差し出された証書を、ヨシイエも恭《うやうや》しく受け取った。階段の下で待ち受けた俊子先生と握手を交わす。二人は泣きながら頷きあっていた。

退場の前、クラスの生徒たちに胴上げをされて、クラス委員長ヨシイエは数回宙を舞った。カメラはしっかり捕えたはずだが、私の視界はぼやけていた。

式後の教師と父母の懇親会で、ヨシイエの父、弘さんがマイクを取った。その声は震えていた。

「あんな悪ガキとまともに話ができるなんて、先生方は本当にすごいですね。私は恥ずかしい。ありがとうございました」

外では雪が降る中、鉄筋三階建ての新校舎の建設が急ピッチで進んでいた。廃校が決まっていた北星余市高校は蘇ったのだ。

第二章　ヤンキー母校に帰る

「あなたは私の夢なの」

「私は教師である前に皆さんの先輩です。先輩である前にボロボロに傷ついてここにやってきた仲間です。だから、つらいことや悩み事があったら、遠慮せずに私に相談してください」

一九九九年四月。義家弘介先生（当時28歳）は、爛々《らんらん》とした目で教室の生徒たちに語りかけた。一年生の「現代社会」、初めての授業だった。

卒業から九年。ヨシイエは、教師に立場を変えて母校に帰ってきたのだ。

この二年前、私はヨシイエと再会を果たしていた。母校で教職に就くことを夢見る彼は、授業のノウハウを培《つちか》うべく小樽で進学塾の講師をしていた。ヨシイエは、愛車（外車だった）に乗って札幌までやってきた。うまい酒を酌み交わし、私の家に泊まってもらった。「北星も早く俺を採用すればいいのにね」と繰り返し言っていた。

ヨシイエが夢を叶えたことを祝福する一方で、私には複雑な思いもあった。

彼が着任できたのは、当然ながら母校の社会科教師に欠員が生じたからだ。二人のベテラン教師が学校を去っていた。ヨシイエの採用に決定的だった二人目の教師は、ガンさんだった。

この前年（一九九八年）の五月、脳内出血で倒れた。

倒れる二日前、ＴＢＳの「ニュース23」が北星余市高校から生中継を出した。ガンさんは教師の代表の一人として出演。「教師とは？」というキャスターの問いに、「当たり前のことをするただの人です」と持論を語った。

「うちの教師は何も特別なことをしているわけじゃない。生徒と日ごろからよく接するとか、毎日表情を見るとか、一緒に遊ぶとか、そんな当たり前のことをしているだけです。一人一人生徒は違います。こいつはナスで、こいつはキュウリ、こいつはイモだ、水のやり方も肥料もそれぞれ違うんです」

……本当はそんなことを延々と語りたかったのだろうが、中継時間が限られていたせいか、それともすでに体調が悪かったのか、いつものパワーはなかった。

一命は取り留めたが、左半身に重い後遺症が残った。札幌の病院でリハビリにも取り組んだが、機能の回復は思わしくなかった。ガンさんは余市に戻り、学校のすぐ向かいにある病院のベッドで毎日をすごしていた。

ヨシイエが着任したことは、妻の幸子《ゆきこ》さんが話したとは思うが、私の口からも伝えた。安達俊子先生は、職員室でヨシイエとあえて距離を取っていた。「あまりベタベタするのも良くないので」と、はにかむような笑みを見せた。

朝のホームルームが終わるころ、生徒がやってきて、「ヨシイエ、これ」と彼に弁当を手渡した。愛星寮の弁当だ。ヨシイエが着任してしばらくの間、寮母のウメ子さんは今いる寮生だけではなく、かつての寮生にも弁当を作り続けた。

生徒時代から関わってきた人たちにとって、ヨシイエは、自分たちの懸命な努力の結晶であり、これからも頑張り続けるための力の源でもあった。

ヤンキー母校に帰る――。

この劇的な展開に、多くの人が言いようのない充足感に満たされていた。当のヨシイエも、私のインタビューにこう語っている。

「生徒たちの道しるべになってあげたいんですよ。『へえ、昔は傷ついてた人がこの学校で変わって、今はこうして先生になってるんだ……。じゃあ、私もここで何かをつかめるかもしれないな』って」

ヨシイエは、着任早々、生徒たちに頼まれて「横ノリ同好会」の顧問になった。夏はサーフィン、冬はスノーボードを楽しむ会だ。余市の浜でヨシイエは生徒たちからサーフィンを教わった。週末は、いい波を求めて町外に遠出することもあった。

太平洋沿岸にある厚真町《あつまちょう》に同行取材した際、ヨシイエが着替えのためウエットスーツを腰まで下ろした。私の家に泊まったときにも目にしていたが、彼の腹部にはくっきりと手術の痕跡があった。

「一度死んだ人間ですから」とヨシイエは笑った。

胃を半分摘出。心臓も一時、停止した。大学四年のときにバイクでアルバイトから帰宅中、事故を起こし、ヨシイエは生死の境をさまよった。

この事故が、彼に教師になることを決意させたのだ。

「担任だった安達俊子先生が余市から駆けつけてくれて、寝ないで看病してくれたんですよね。涙が出ました」

俊子先生が泣きながら言った言葉が忘れられないという。

「ヨシイエ君、死なないで。あなたは私の夢なの」

俊子先生を目標に母校の教師になったヨシイエは、授業や横ノリの活動のほか、学校行事が近づくと生徒会のメンバーと一緒に夜遅くまで準備に取り組んだ。また、俊子先生が長年続けている、地域の人たちへのボランティア活動にも加わった。クリスマスには先生や生徒たちと老人ホームを回り、サンタクロースの扮装をしてお年寄りにプレゼントを配った。

ある日、ヨシイエの右手の小指に包帯が巻いてあった。骨折してワイヤーが入っているとい

2002年6月、学校行事「強歩遠足」で生徒と歩くヨシイエ（中央が筆者）

う。

「学校をやめたいっていう生徒を指導してて、思い切り机を叩いたらボキッと折れちゃいました」と笑う。

「でもその生徒、今も学校で頑張ってます」

年が明けて二〇〇〇年。ヨシイエにショックな知らせが入った。

俊子先生が定年まで三年を残して、三月いっぱいで退職することになったのだ。夫の尚男《ひさお》さん（北星余市高校の元教師で、余市町議も務めた）と、ひきこもりの人たちを支援するセンターを立ち上げるという。

「あまりたくさんの人を背負ってしまうと責任が持てないので、当面は頻繁に電話をかけてくる十人ほどと向き合いたいと思っています」

その中には北星余市の卒業生もいた。セン

ター設立の大きなきっかけも、卒業生との関わりだった。ヨシイエのクラスメートでもあった彼は、卒業後、自宅にひきこもった。苦しい胸の内を俊子先生に何度も電話で訴えていたが、先生には目の前の生徒もいて、「もう少し時間ができるまで待ってくれる?」と繰り返すしかなかった。ＳＯＳに応えてもらえないと感じたのか、その卒業生はついに自ら命を絶ってしまったのだ。

「取り返しがつかないことをしてしまった」と先生は苦しんだ。そして、私費を投じて青少年自立支援センター「ビバハウス」を設立した。

「すごい人ですよ……。俺としては、もう少し学校でいろいろと教えてほしかったんですけどね」

ヨシイエは寂しそうだった。

俊子先生は、熱弁をふるうタイプの教師ではない。だが、とてつもないエネルギーの持ち主だった。とにかく、いつも何かをしている。学校にいる時間は、どの先生よりも長かった。廊下を進むときは必ず小走り。それなのになぜか履いているのはハイヒールと、ちょっと「不思議ちゃん」でもあった。

スポーツ大会でリレーや障害物競走があると、先生はコースの内側を、タンバリンを叩きながら駆けていく。

「〇〇さん、ガンバって!」

生徒と同時スタートで走れるところまで走ると、次はゴールへ一目散。「お疲れ様。頑張りました！」とねぎらいの言葉をかける。生徒は一回走れば終わりだが、先生はすべてのレースを走るのだ。私は生徒より、俊子先生に目が行った。

しつこさ、も先生の武器だった。ヨシイエを筆頭に、転編入生のほとんどが当初、放課後の掃除当番をさぼっていた。先生はこれを許さなかった。さぼりを認めることは、特権階級の存在を認めてしまうことだ。先生はさぼって寮に帰った生徒を教室に連れ戻した。ホウキやチリトリの使い方を文字どおり、手取り足取り、指導した。

「『掃除しろ』って寮まで現れたときは唖然としましたね。あのしつこさには根負けしました」

教師になったヨシイエは、そう懐かしんだ。

俊子先生は、静かな実践を通して、生徒の「人間不信」という頑固な汚れを、時間をかけて落としていった。

ヨシイエは、恩師からバトンを手渡された。

「地獄に落としてやる！」

教師になって二年目の二〇〇〇年四月。ヨシイエは初めて担任を持った。

一年B組は、三十八人の生徒でスタートした。担任の毎日は格闘の連続だ。不登校だった生徒が地元に帰りたいと訴えてくることもあれば、事件の対応に夜中まで追われることもある。クラスの生徒が受けた謹慎処分の数は、一学期の半ばで、すでに十九件にのぼった。

「俺も先生を困らせたけど、あいつらそれ以上に俺を困らせてるな」

そうこぼしながらも、ヨシイエは満ち足りた様子だった。

ある日、学校のトイレで大勢の一年生がタバコを吸った。ヨシイエのクラスの生徒も七人含まれていた。ホームルームでヨシイエは熱っぽく訴えた。

「昨日怒ったばっかりじゃん。俺も自信なくした。だけどな、一個だけ救いがあった。あいつら素直に謝ったんだ。もしも言い逃れしたり、罪を認めないやつがいたら……」

ヨシイエはそこで間を取ると、鋭い目で教室の生徒たちを見まわした。

「絶対、地獄に落としてやる！」

一学期末のスポーツ大会でも、ヤンキー時代の眼光がよみがえった。

男子のバスケットボールで、一年B組は快進撃を続けていた。準決勝の相手は優勝候補の二年生チーム。B組が一点差を追いかける展開だった。試合終了間際、ホイッスルと同時にB組の逆転シュートが決まった。ヨシイエはクラスの生徒たちと歓喜した。ところが……。

主審を務めるバスケットボール部の三年生は、シュートが放たれたのがホイッスルのあとで、公式ルールでは得点は認められないと判断した。ヨシイエはキレた。

「同時だって！　俺たちの勝ちだ！　これで負けたらおかしい！」

ほかの先生がなだめに入るほどの剣幕だった。取材のカメラがその場面を撮っているので、カメラマンが行事を主催する生徒会の顧問の教師にビデオ判定を提案したが、「いや、そこまでは」と却下された。結局、三分間の延長戦で決着をつけることになり、一年B組は敗れた。

一学期の終業式の日。三位入賞の表彰状をヨシイエが教室で読み上げた。

「あなたたちは大人げない担任に負けず、よく頑張ったと思います」

教室に笑い声が起きた。

二学期。大勢の一年生が浜辺で酒盛りをしたことがわかった。そのうちの一人は、謹慎処分が下される前に余市から逃げた。ヨシイエはその生徒を毎晩探し回り、ついには学校を休んで生徒の地元まで足を運んだ。そんな行動にほかの教師から疑問の声が上がる。

隣のクラスの担任で、ヨシイエの生徒時代も知るベテラン教師、山岸栄《やまぎしさかえ》先生（当時58歳）は彼をこうたしなめた。

「事件を起こした生徒に気持ちが行くのはわかる。だけど、地元まで探しに行くのはやりすぎだ。教室に取り残されるほかの生徒の身にもなれ」

ヨシイエから返ってきた言葉は、山岸先生にとって意外なものだった。

「先生だって、学校休んで東京の生徒のところに行ったって聞いてますよ」

この三年前、北星余市高校で初めての大麻事件が起きた。

ある下宿の寮母から「健次（仮名）の部屋に不思議な臭いのするタバコの吸い殻がある」と担任の山岸先生に連絡が入った。先生が健次に問い質したところ、それが大麻であることを認めた。

学校は健次に退学処分を下すとともに、山岸先生がつきそって警察に自首させた。健次は先生の目の前で手錠をかけられた。予期せぬ展開に先生も驚愕した。健次は体をガタガタ震わせて、泣き崩れたという。

取り調べを終えたあと、健次は札幌の家庭裁判所に送られた。家裁は健次にこんな審判を下した。

――初犯であり、大麻の使用についても常習性がないことから、刑罰は与えない。また、生徒を更正させるには、学校という教育のプロがいる場所に身をおくことが望ましい。――

この審判のあと、学校は一度下した退学処分を撤回し、健次の復学を認めた。

山岸先生が東京に行ったのは、そうした学校全体を揺るがす問題に直面したからだ。ヨシイエの生徒のケースとは重さが違う。

後述するが、二〇〇一年、北星余市高校では七十九人もの生徒が関わる大麻事件が起きる。健次の事件から得られた教訓はこのとき、大いに生かされた。

ヨシイエの「突き進むと周囲の状況が見えなくなる」「人に何か言われたら、まず反発してしまう」という傾向に、山岸先生は不安を覚えたという。

「着任した当初はしおらしくてね、俺も『後継ぎができてうれしいよ』なんて彼に言ってたんだけど」


私もヨシイエを心から応援し、彼を番組に描けることに幸福感さえ感じていたが、時おり彼の言動に違和感を覚えることがあった。

人が良かれと思って勧めることを、スルー、もしくは拒絶するのだ。つまらない理屈をつけて。私が経験した二つのことを書き留めておく。

一つは余市町内に住む画家、中村小太郎《なかむらこたろう》さん（当時63歳・二〇一五年死去）のことだ。東京出身だが、知人の勧めで余市に移住していた。

小太郎（本名は勇一《ゆういち》）さんは芸術家、岡本太郎の唯一の弟子で、太陽の塔などのモニュメントの制作にも参加した。給料など一円ももらえず、生活のために歌謡曲の作詞も手掛けた。

「ヒデとロザンナ」の大ヒット曲「愛の奇跡」（一九六八年）は小太郎さんの代表曲だ。小太郎さんが語った、私が大好きな言葉があった。

「夢は逃げない　俺たちが逃げている」

小太郎さんは自叙伝を出したいという強い希望を持っていた。この言葉をその本のタイトルにしようと決めていた。

私はヨシイエに「小太郎さんに会ってみないか？」と勧めていた……この言葉も紹介しながら。生徒にとっても、学校や寮だけではなく、町の人との関わりは有益だと思った。その人が美術や音楽に造詣《ぞうけい》が深い人なら、なおさらだ。ヨシイエは「へえ」としか言わなかった。

もう一つの大きな違和感はほかでもない、ガンさんのことだ。ヨシイエは余市に来てから、ただの一度もガンさんを見舞っていなかった。妻の幸子さんは北星余市で週に一度、講師として料理の選択授業を持っていた。学校でヨシイエと顔を合わせることもあるが、「あの子は何も言ってこない」とこぼしていた。

ガンさんはヨシイエが北星余市に来る大きなきっかけを作った人だ。しかも、ガンさんが病に倒れたことによって社会科教師の募集が行なわれ、ヨシイエは母校の教壇に立てたのだ。

ガンさんの入院する病院は、通りを挟んだ学校の目の前にある。生徒がときどき病院の敷地内でタバコを吸って謹慎処分を受ける。そのときは病院に行くのに、ガンさんの見舞いには行かない。ワケがわからなかった。ヨシイエに「ガンさんを見舞うべきだ」と何度も言った。言うたびに頑《かたく》なになる。

「俺は、目の前の生徒が大事だから。ガンさんがこの場所にいてくれて、『ヨシイエ、おまえのやり方はな！』とか言ってくれたら、俺も『何言ってんですか、ガンさん！』とか言えるんだけど……。でも、担任が倒れちゃったら生徒が可哀そうだから、俺も倒れないよう気をつけないとな」

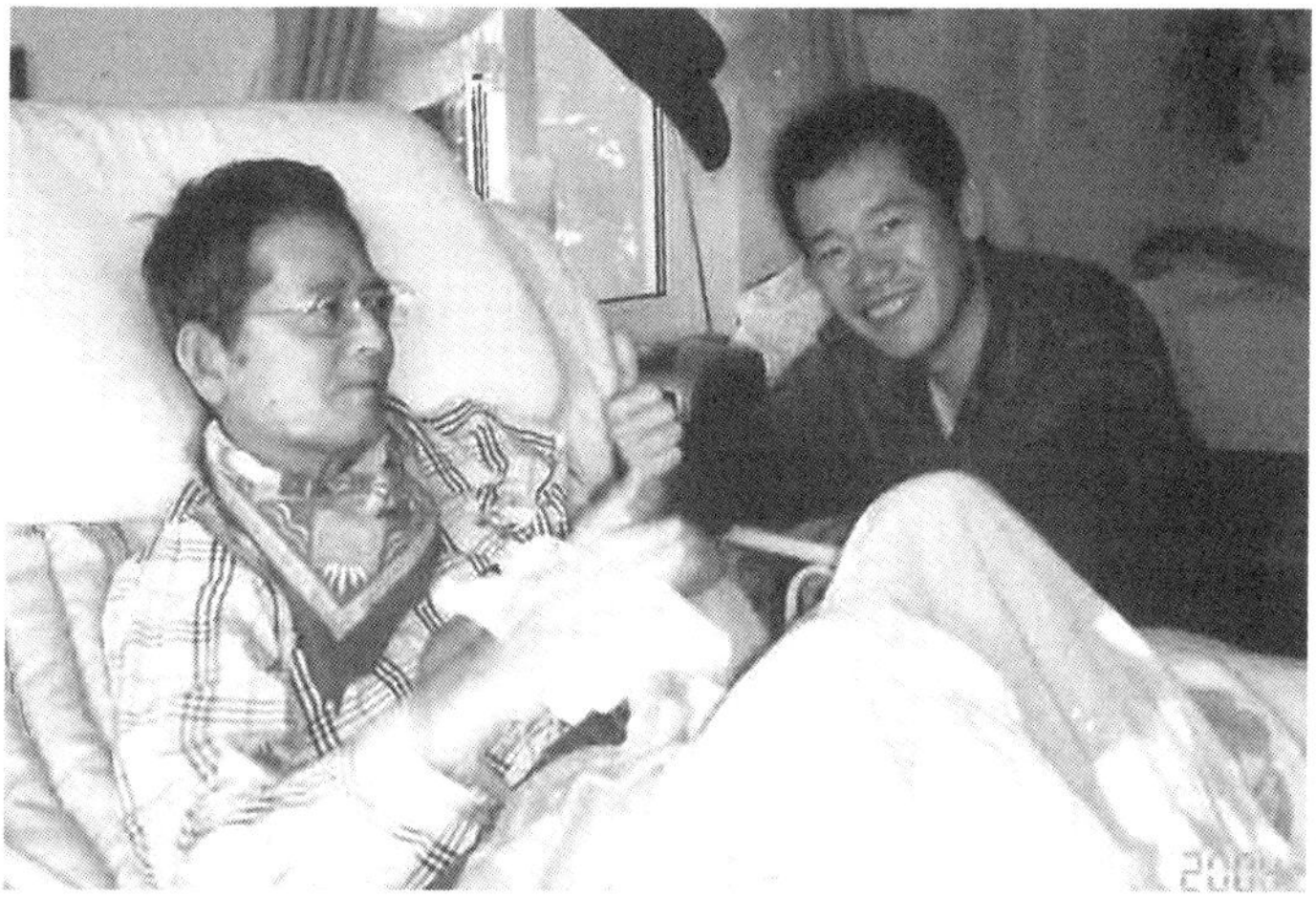

1998年、ガンさんは脳出血で倒れ、重い後遺症が残った（2004年、筆者と）

話はかみ合わなかった。

二〇〇一年三月。卒業式の日、私は会場の撮影はスタッフに任せて、学校の玄関でガンさんが来るのを待っていた。幸子さんに車椅子を押されて、ガンさんがやってきた。

「撮らせてもらっていいですか？」

そのとき初めて幸子さんに尋ねた。ずっと言い出せなかったのだ。長いつきあいだ。幸子さんはとうに私の思いを察していた。「どうぞ」とにこやかに笑った。

この日卒業するのは、三年前にガンさんが担任、そして学年主任として迎えた生徒たち、病に倒れていなければ自分が送り出したはずの生徒たちだ。式が終わると、数人の生徒がガンさんに近づいてきた。

「ガンさん、来てくれてありがとう」

わずか一カ月しか担任ができなかった生徒たちを、ガンさんは顔をクシャクシャにして祝福した。

その二カ月後の五月二十三日、ヨシイエの担任一年目を追ったドキュメンタリー「ヤンキー母校に帰る」が北海道ローカルで放送された。放送文化基金賞や日本民間放送連盟賞を受けたが、ある審査員がこう指摘した。

「一つだけ不思議に思ったのは、ヨシイエさんとガンさんのツーショットがないんですよ。何か撮れない理由があったんですかねえ」

……あったんです。

番組の放送が終わって学校に行くと、ヨシイエが満面の笑みで私を迎えた。

「いやあ、生徒たちに言われましたよ、あんた本当にワルかったんだねえ、って。でもやっぱ、ガンさんだな、ガンさんのシーンが良かった」

その後、ヨシイエから「ガンさんの見舞いに行った」旨のメールが届いた。

《でも眠っていたので、声はかけませんでした》

……ガンさんのベッドには紐でノートがくくりつけてある。見舞いに訪れた人はそのノートで、発声がままならないガンさんと筆談をしたり、励ましのメッセージを残したりする。ヨシイエのメッセージはノートになかった。

授業と親父ギャグ

時間は少しさかのぼって、二〇〇一年四月。新年度のクラス替えで、ヨシイエは二年C組の担任になった。

「『俺自身C組だったから、生徒時代と同じにしてください』って学年の先生方に頼んだんです」

始業式の前日、ヨシイエは教室の前の廊下の壁に大きな布を貼りつけた。「誇り」。力強い筆文字でそう書かれてあった。

ヨシイエは、新年度から学級通信を出すことにした。

タイトルは『義家組』。その第一号には「イジメは絶対に認めない」「熱く楽しい毎日を送る」などクラスの約束事が載っていた。通信には担任からのこんなメッセージも……。

「おい、おまえら、元気いっぱいか？　俺はやる気ありまくりの、ハッチャキマチャアキだ」

メッセージを読み上げていたヨシイエはそこで読むのを止めると、生徒たちに尋ねた。

「あ、この意味、わかる？　ハッチャキマチャアキ」

生徒たちはシンとしている。

「スター隠し芸大会のときだけハッチャキになる、堺マチャアキ（正章）」

一人の男子生徒がボソリと言った。

「だから、何？」

教室中が笑いに包まれた。ヨシイエが苦笑しながら生徒に言い返す。

「熱くなれよ！」


ヨシイエは、授業がバッグンにうまかった。一年生の「現代社会」と三年生の「政治経済」を持っていた。どうすれば生徒たちを引きつけられるか、塾講師の時代から努力と試行錯誤を重ねてきたのがわかった。板書も丁寧で読みやすい文字を書く。生徒が「おー」と感心するのが、世界地図だ。黒板全体を使って五大陸を一筆書きのように描いていく。三十秒とかからない。緩急をつけて、授業を進める。緩、として多用するのが親父ギャグだ。

「デフレーション。物価が下がると企業が儲からなくなる。儲からなくなるとどうなる？……父さんが倒産するんだ」

反応がなくても、ヨシイエはめげない。

「おまえら、笑え！　もう一回言うぞ」

テクニックだけではなく、ヨシイエの授業からは「伝えたい」という熱い思いが感じられた。

時系列が飛ぶが、私たちの取材テープに残る、ヨシイエの言葉を記しておきたい。

「世にいう憲法九条。これが日本の戦争に参加しなかった唯一の理由でもあるんだわ。簡単に言うとわれわれは戦争をしない、戦争だけじゃなくて自分が持っている武力でよその国を脅かすとかそういうこともしません、って書いてあるの。第二項では、それを達成するために軍隊を持ちませんて言ってるんだ」（二〇〇二年七月　三年生・政治経済）

「野党といいます。のとう、じゃないからな。与党が変な政治をしてないか批判する。国の政治が独裁的になっていないか、国政が健全に行なわれているか監視する役割。（略）批判してくれる人間はありがたい、これは絶対ですから。みんなこれから大人になる、親になる、自分のダメなところを冷静な目で見て批判してくれる人間がいなかったら、絶対ね、腐る。これは俺の人生の中では確実に言える。（略）たとえば自民党な、何をやっても多数決で勝てるから、暴走し続けたら、いったいどうなるかって言ったら、世の中ぜんぶ裏金まみれになるよな？　だから当然批判してくれる人間、あるいは批判する意見ていうのを大事にしていく。これが健全な民主主義。（略）北星余市の教師集団の民主主義ってすげえと思ってるんだけど、何か言ったら必ず反対の意見出てくる。そこがうちの教師集団が死んでいないところ。（略）だから北星の職員会議、長い。今日も職員会議ありますけど、おそらく遅くまでやるんですよ。ケツ痛くなるときもある。早く帰りたくなるときもある。でも、絶対に必要なんだ」（二〇〇三年四月　三年生・政治経済）

ヨシイエの授業は、二教科ともに、事前に用意したプリントを配って行なわれる。二〇〇二年四月の政治経済の授業では、国会議員について次のように語っていた。

「衆議院議員、四百八十人（筆者注：現在は四百六十五人）、参議院議員、二百四十二（現在は二百四十八人）。議員さんになるとすげえいろいろ手当とかつく。『どうも先生』って、みんなぺこぺこする、かなり特権、やりがいもある仕事でしょうね。衆議院は任期四年、ただし解散になったら四年じゃなくなるけど。

国からその人たちの秘書の給料も出てる。議員の給料は、去年一年間で（二〇〇一年度。歳費＋文書通信交通滞在費＋立法事務費）俺は十分じゃないかなと感じたな、四千三百四十八万円（二〇二四年現在は約三千五百三十万円）。一般のサラリーマンの生涯年収、二億五千万円から三億円と言われている。国会議員、六年やれば、それぐらいいくだろうな」

この授業も、親父ギャグ（?）で締めていた。

「衆議院の被選挙権、二十五歳。俺は二十四だから（実際は三十一歳）来年、立候補できる。……オイカワ、おまえ、そんなに冷めてていいのか?」

「あれは本当に地獄だった」

十月半ばの夜。学校から少し離れた場所に停めた車の中で、私たちは息をひそめていた。撮影を誰にも気づかれないよう、車の窓ガラスには暗幕を引いてあった。その隙間からカメラマンが学校にレンズを向けていた。

やがて、ヘッドライトを点けた何台もの車が学校の駐車場に入っていった。車から降りてくる人影。ふだんは使わない職員用の通用口から入る生徒たち。一階の廊下をゾロゾロと歩いていく姿が、玄関ホールの常夜灯に浮かび上がった。大麻などの薬物を吸って謹慎処分を受けていた生徒たちだ。

前述したこの問題が発覚したのは、二学期が始まってまもなくのことだった。

三年生の学年主任である安河内敏《やすこうちさとし》先生（当時36歳）は、相談にやってきた一人の生徒からこんな情報を耳にした。

「大麻を吸っている三年生がいる」

九月。安河内先生は職員会議で、緊急の学年集会を開くことを告げる。翌朝、体育館に三年生全員を集めた。

「今日は地獄の一日になるぞ」

安河内先生のそんな言葉から集会は始まった。

「大麻を吸った生徒は、正直に名乗り出てほしい。この問題を見すごすわけにはいかない」

学年集会のあと、各クラスのホームルームに移った。担任は受け持ちの生徒たちに訴え続けた。一人、また一人と、大麻吸引を認める生徒が現れた。しかも、彼らの証言から一、二年生の中にも大麻を吸った生徒がいたこともわかった。

これを受けてヨシイエも二年C組の生徒たちと向き合った。

「シンナーなら俺も昔、臭い嗅いだことぐらいはあるんだけど……大麻に、自分の後輩が手を染めていた、それはとんでもないショックで、何を訴えたかも覚えていないですね」

教師によって「大麻」と言ったり「薬物」と言ったり、吸った時期についても「今吸っている者」「吸ったことがある者」と、使う言葉も訴え方も違っていた。混乱する中での指導だった。

そのため生徒たちの告白も「大麻は吸っていないが、ライターのガスは吸った」「地元でなら前に大麻を吸ったことがある」と、使用した薬物の種類、時期、場所についてはさまざまだった。

しかし、全校生徒の一割を超える七十九人が、なんらかの薬物を使用したことを認めたのだ。大麻を吸うことを「かっこいい」とファッション感覚でとらえていた生徒も少なからずいた。

三年生の女子生徒の一人はこう振り返る。

「あの人もこの人も、ってビックリして……廊下で泣いている人もいて……あれは本当に地獄だった」

北星余市高校は複数の生徒に大麻を勧めていたと見られる二人の生徒に退学処分を下したが、

残る七十七人については、最大六週間の謹慎処分にとどめた。この判断には先述した健次の大麻事件の教訓がある。

そのころ、複数の報道機関に匿名の電話が入っていた。俗に言うタレコミによって、北星余市高校の大麻の問題がニュースとして全国を駆け巡った。報道の大半は「学校はなぜ犯罪者をかばうのか」という論調だった。

北海道内の某放送局は、ニュース番組でいち早くこの問題を伝えたが、尺はわずか二分程度。言葉は選んでいたが、経緯と内容を詳細に伝えていないため、あたかも北星余市高校で大勢の生徒が大麻パーティーを開いたかのような印象を視聴者に与えかねない報道だった。

このニュースが流れた夜、校長の自宅には明け方近くまでマスコミ各社が押しかけた。校長はこの局に抗議文を送ったが、同局のカメラは数日間、学校外で生徒たちを追い回した。キャスターはこう言った。

「大麻を吸うことは紛れもない犯罪なんですが、学校はどうやらその事実を把握しようとはしていなかったようです」

二カ月近くこの問題と向き合ってきた教師たちは、実態とかけ離れたその言葉に深いため息を吐き出した（私は学校で、そのニュースを一緒に見ていた）。

一、二分の短いニュースでは伝えられない、いや伝えてはならないこともあるのだと、私はそのとき初めて認識した。

このニュースの二日後、町内にあるもう一つの高校、道立の余市高校でも大麻の問題が発覚した。四人の生徒に退学処分が下されていた。大麻はもはや都会の闇の中だけで取引される特別なモノではないのだ。

私たちのカメラは、安河内先生のクラスに入れなくなった。一連の報道にマスコミへの不信感を募らせた生徒が一人いて、その生徒が頑なに拒んだためだ。

起こった事件、学校を非難する報道。二度にわたって傷ついた生徒たちを、ヨシイエは下宿を回って励まし続けた。

「大麻を吸った連中のやったことはとんでもないことだ。でもさあ、退学にすればこの問題、解決するかといったら、そうじゃないでしょ。だから俺たちは学校に残して指導する道を選んだんだ」

翌二〇〇二年の卒業式前日。一人の男子生徒が私たちのインタビューに応じた。彼は余市の浜辺で仲間と大麻を吸った。担任の訴えにその事実を認め、四週間の謹慎処分を受けた。顔は撮影せず、音声も加工したが、勇気を振りしぼって語ってくれたと感謝している。

「本当はすごく怖かったです、言うのが。でも、あれだけ真剣に訴えられて出なかったら自分は終わり……黙っていたことをひきずって、ずっと嘘をついて、その後うまくいっても嘘をついて手に入れたものだから……。先生が『この学校は失敗をしたやつらがやり直しをするためにある学校だから、今おまえらが失敗して、はい退学です、というのはうちの学校のやり方じゃない』と言われたときに、学校に助けられたな、って。（明日卒業式だけど）なんの恩返しもできていないし、借りばかりでかくなって……申し訳ないです」

二〇〇二年四月。前年は二百人いた北星余市の新入生が、九十六人と、半数以下に落ち込んだ。大麻の問題が大きく報じられた影響である。

教え子との結婚

大麻問題に揺れた二〇〇一年の秋。正確な日付は覚えていないが、私はヨシイエの家に泊まっている。学校を非難する報道が過熱する中、私は「北星余市高校で何があったのか？」を伝える十数分の特集を作った。その放送が終わった十一月半ばごろだったと思う。

学校で取材中、「今日、うちに泊まらない？」とヨシイエに誘われたのだ。こんなときにかよ、と少し躊躇《ためら》ったが、私は承諾した。

「安達先生にしか言ってないんだけどさ、俺、結婚するんだ」

それを伝えたかったのか、と静かに受け止めた。

大麻事件で驚くことには免疫ができていた。だが、「相手は教え子なんだよね」の言葉に、私は口の中のビールが鼻に入って少しむせた。

一年、二年とヨシイエのクラスだった裕美さん（仮名）。名前を聞いて、すぐにわかった。

「え、知ってるの？　嬉しいな、そんな目立つ子じゃないのに」とヨシイエはちょっと意外そうな顔をした。言葉を交わしたことも、声を聞いたことすらない。無口な生徒だった。女子の中では大柄で、身長はヨシイエとさほど変わらない。華やかなタイプではないが、整った顔立ちをしていた。母性にも似た、人を包み込むような独特のオーラがあった。

むしろ、裕美さんが退学していたことが初耳だった。二年生に進級してまもなく、学校に来られなくなったのだという。意外な生徒が意外なタイミングで突如ガス欠になる、そうしたケースを私も取材で目にしてきた。

このまま欠席が続くと進級できなくなる……そのときヨシイエは……。

「『俺のために学校に来てくれ』って言ったんですよ」

裕美さんは学校に再び通うようになった。しかし、その秋に大麻事件が起きた。裕美さんは「この学校にいるのはもう限界」と退学を決意したという。薬物に手を染めていなくても、あの事件のあと、裕美さんを含む数人の生徒が自ら学校を去った。「薬物が持ち込まれた高校」というレッテルは重い。だが……。

ヨシイエ、結婚って……おまえなあ……。

一時の感情に流されるな！　彼女にとってもそれは幸せなことなのか？　あ……。

ある「問い」が、ごく自然に私の脳裏に浮かんだ。後日、数人の教師たちも彼に同じ質問をしたと聞く。

「もしかして、彼女、妊娠しちゃってるとか？」

ヨシイエは、「違う」「そもそも、そういう関係ではない」と否定した。

それなら早まるな！　彼女のことを本気で考えるなら、少なくとも彼女が別の高校でやり直すのを待ってからでもいいじゃないか！

そんなことを、私はヨシイエに言った。しかし、一方で知ってもいた。こうした発言が、しばしば彼には逆効果であることを……。それだけではない。彼と話していると、自分の発言が常識にとらわれた底の浅いものに思えてくることもあるのだ。ぶっ飛んだキレ者は、手に負えない。

彼女の両親も「認めてくれた」とヨシイエは話す。

「俊子先生はなんて言ったの？」

「『おめでとう』って、涙、浮かべてましたよ」

しかし、私があとで俊子先生に確認すると、先生はボソッと言った。

「心配……」

ヨシイエと裕美さんは、年が明けた二〇〇二年一月、余市町の隣、赤井川村にあるキロロリゾートのホテルで結婚式を挙げた。

突然の取材拒否

二〇〇二年度。ヨシイエも受け持ちの生徒も、二年C組から持ちあがりで三年C組になっていた。前年に大麻事件が起きてから、北星余市高校ではさまざまな取り組みが行なわれていた。

その一つが生徒会による「朝のあいさつ運動」だ。十人の生徒会メンバーが毎朝玄関に立ち、登校してくる生徒たちに「おはよう」と声をかける。生徒同士、周囲に無関心な状況が薬物の広まりを招いたという反省から生まれた。互いに声をかけ合って、仲間意識を高めていく。この取り組みは、北星余市高校の現在の生徒会にも受け継がれている。

大麻事件から一年経った二〇〇二年九月。事件を風化させないために企画された全校集会では、生徒会長のよしじ（柴田能至《しばたよしじ》さん）が壇上に立った。よしじは、ヨシイエのクラスの生徒だった。

「なぜあのとき、俺たちは止めあいができなかったのか？　あんなことは二度と繰り返してはならないと思う」

しかし、ヨシイエは不安を感じていた。その不安を、よしじにも伝えた。

「生徒たちの意識が薄れてきている。また起きるぞ……睡眠薬が出たんだから」

全校集会の数日前。一人の生徒が、出会い系サイトで知り合った主婦から、睡眠薬のハルシオンを手に入れていたことがわかったのだ。

ヨシイエの予感は的中した。全校集会の六日後、ある三年生が友人の強い説得で担任の先生に告げた……「再び大麻を吸ってしまった」と。

彼は、前年大麻に関わって学校を退学処分になった元生徒から入手していた。この生徒の証言から、八人が大麻に手を染めていたことがわかった。そのうち四人は、前年も大麻を吸った生徒だった。

学校は、八人に無期停学処分を下すとともに、病院で診察を受けさせた。彼らが薬物の依存症に陥っていないかを調べるためだ。「治療を要する」と診断された生徒はいなかった。

医師のカウンセリングに、ある生徒はこう語っている。

「学校中がいろいろな活動をしていたので後ろめたかったが、自分にはその活動がすごく遠いことのように感じられた。バレなければいいと思った」

学園祭の準備が始まったころ、ヨシイエから札幌にいる私に電話がかかってきた。「そっちまで行きます」と言う。嫌な予感がした。

「俺にはもう取材を受ける資格はない。二年続けて同じ問題が起きるとは……もう撮らないでもらえますか?」

何を言っているのだ? この問題と闘っているのは俺も同じだ! と、怒鳴ってやりたかった。

二回目だからなんだ？　おそらくこの問題は、三回、四回、と続いていく。薬物と、若者の好奇心がある限り――。

この前年に大麻事件が起きたとき、勤務する放送局内からも「もうあの学校から手を引け」という声が上がった。

だが、私は「この問題から目を背ける社会のほうがおかしいのだ」と、「ＪＮＮ報道特集」などで北星余市の苦闘を伝えてきた。それがあったから、二度目の大麻事件に対するマスコミ各社の論調は、前回ほど苛烈なものにならなかった。学校や生徒への配慮が見てとれた。「撮らないでくれ」では、何も解決しないばかりか、逆効果だ。とことん取材し、それを多くの人に伝えていくことでしか、薬物の広まりを阻止することはできない。

ヨシイエにはどうもこういうところがある。人一倍努力する一方で、ほかの人間の努力や抱えている事情には今一つ思いが至らないのだ。

私は、ヨシイエの取材拒否の申し出を受け入れるわけにはいかなかった。

「たくさんの生徒を追っている。彼らの成長も伝えたい。描くのはヨシイエだけじゃないんだ。かといってヨシイエ抜きでは生徒たちも描けない」

屁理屈だと自覚していたが、なんとか取材を続けることができた。

よしじたち生徒会は、話し合いの結果、薬物追放を願う「手形」を学校に残すことにした。生徒たちはそれぞれの思いを手形に込めた。

もう二度と薬物に手を染めないという決意、仲間が大麻を吸っていたことに気づけなかった悔しさ、そしてこれからこの高校にやってくる後輩たちに繰り返してほしくないという願い。この手形は、北星余市高校に今も残っている。

二〇〇三年一月。私は東京のTBSを訪れていた。分厚いダウンジャケットを脇に挟み、雪山用のブーツを履いていた。洗練された空間に場違いな格好だったのは、この翌日、別の番組の撮影でアラスカに向かうからだった。

私は番組編成を統括するK氏に、この二カ月ほど前から企画を売り込んでいた。

「春の大感動スペシャル　ヤンキー母校に帰る」

北星余市をテーマにした番組は、北海道ローカルのほか「JNN報道特集」でも毎年のように放送していた。

しかし、ヨシイエの十五年間を描くこの企画は、もっと長尺の特別番組として編成してもらえないか、と交渉を続けていたのだ。この日もK氏はゴーサインを出してくれなかった。むしろ会うたびに消極的になっている。ゴールデンタイム全国放送の二時間スペシャル、しかも地方局の制作だ。不安に思うのも無理はない。身のほど知らずな要望なのかもしれない。成田空港近くのホテルのファックスを借りて、私はK氏に最後のお願いメッセージを送った。

「この番組シリーズはいわば絶世の美女です。どんな衣装（番組スタイル）にも対応してみせます」

稚拙でジェンダー意識も低い表現を今は恥じるばかりだが、そのときは私も必死だった。帰国して数日後、K氏から嬉しい知らせが届いた。

「おまえらは俺の夢だ!」

卒業式が近づいてきて、ヨシイエは生徒たちにこんなお願いをした。

「心の中で思っていても、終わりのホームルームで『早く帰ろう』って言わないで」

卒業式の朝に配る最後の学級通信を、ヨシイエは生徒一人一人への手紙という形で出すことにした。三十人分書き上げるまで二週間かかった。

卒業式の二日前になっても補習が終わらない三年生もいた。一年生のときにヨシイエのクラスだった武(仮名)だ。一年から二年に上がるときも、追試と補習の連続だった。「キミは一文字書くのに五秒かかるの。今から書き始めないと間に合わないの」とヨシイエに急かされていた。

卒業への最後のハードルは、ヨシイエの政治経済。ヨシイエが出した課題は、日本国憲法を前文からすべてノートに書き写すこと。

「はあ……」

武が疲れてペンを置くたび、ヨシイエは大阪の就職先から学校に届いた武の採用通知を、目の前でヒラヒラさせた。

「卒業して、仕事したいだろ?」

「仕事してぇ!」

最後の一文字まで書き終え、武もどうにか卒業を決めた。


卒業式の朝。

ヨシイエは誰よりも早く学校に来ると、生徒の机を一つ一つ丁寧に拭いた。

ホームルームの時間。巣立っていく生徒たちは、羽織袴、スーツにドレス。髪型もさまざまだ。ヨシイエが学級通信を配る、生徒、一人、一人、に。

「恥ずかしいから、俺がいる間は中見ないで」

翔一(仮名)は、神奈川県の中学で不登校に陥った。北星余市に入ってからも、なかなか学校になじめなかった。ヨシイエは学級通信に、翔一を主人公にした恋愛小説を連載した。クラスの話題になった。三年生になると、翔一は下宿で寮長を務めるほど積極的になった。最後の学級通信に「自信をもて、胸をはって生きろ」とヨシイエは書いた。

横浜から来た智也(仮名)は、一年生のときからヨシイエに文句ばかり言ってきた。

「ちょっとヤンキーやってたからって、調子こいてんじゃねえぞ」

そんな智也に、ヨシイエは感謝の言葉を書いた。

「おまえの顔を見ると、なぜだか力がわいてきたよ」

智也はハンカチで目頭を押さえた。

北星余市高校が中退者を受け入れて、そしてヨシイエがこの高校にやってきて、十四年と三百二十七日。

かつてのワルは、教師として初めての卒業生を送り出した。

式が終わると、ヨシイエは教室で、三十個のグラスにノンアルコールのシャンパンを注いだ。全員で乾杯。ヨシイエは、固めの杯と呼んだ。

「俺が死にそうなとき、安達俊子って先生が、あなたは私の夢、だって言ってくれた……。今、ようやくその意味がわかった気がします。いいか、おまえらは俺の夢だ！　やりたい道を見つけたら、二十や三十や四十であきらめないで、いつまでも頑張ってほしい」

ヨシイエは、教室のドアを開けた——。

ここから旅立っていけ、俺の「夢」たち……。


二〇〇三年四月九日、午後九時。ヨシイエの激動の十五年を描いた「春の大感動スペシャル　ヤンキー母校に帰る」が放送された。

番組は大きな反響を呼んだ。ヨシイエの人生を変えてしまうほどの……。

第三章　天国と地獄

連続ドラマとベストセラー

正直と言うか露骨と言うか、ヨシイエはこう言った。

「この本は売りたいんです」

「え、売りたい?」

TBSの編成統括、K氏は少し驚いた顔になった。ふつうの人なら、内心はどうあれ「たくさんの人に読んでもらいたい」ぐらいの言い方にとどめる。

二〇〇三年五月下旬。私とK氏が北星余市高校の校長室を訪れるのは、その日二回目だった。

まずは一回目の訪問時の様子から記す。

あらかじめ確認してあった午前中のヨシイエの授業の空き時間に、私はK氏を学校に案内した。本人にも佐々木成行《ささきしげゆき》校長にも訪問の趣旨は伝えてあった。

「TBSが、四月に放送した『ヤンキー母校に帰る』を連続ドラマにしたいと言ってきた。学校に挨拶と説明にうかがいたいそうだ」と。私が双方の日程を調整した。ところが、初対面のK氏に、いきなりヨシイエはかました。

「ドラマにするなら、俺の存在抜きでやってほしい」

全員、目が点になった。「え」と口の中で言うと、K氏は隣の私に目を向けた。私は目で返す……もちろん事前に伝えてあります……。ヨシイエは「現実がフィクションに歪められるのは困る」という趣旨のことを話し始めた。

仮にそれが本心なら、私が最初に連絡したときにそう言って断ればいいのだ。わざわざ東京から来させておいて、何を言っている？　生徒時代の私に宛てた取材拒否の置き手紙とは、無礼のレベルが違う。

ヨシイエは四月のドキュメンタリーの放送以来、ずっとご機嫌だった。番組は東京で十四・四％、北海道では二十六・九％の視聴率を取った。放送の翌週、学校に行くと、「芸能人」と生徒たちから冷やかされていた。その言葉にヨシイエは口を開け、自分の歯を指さした。

「芸能人は歯が命」

当時すでに「昔流行した」の枕言葉がつく、歯みがき粉のCMだ。

「ナニ、それ？」

生徒たちが知るはずもない。

「いやいや、先生」

K氏は企画の意義を力説した。

「そんなことを言ってのけるあなただからこそ、私たちはドラマに描きたいんだ」

私は黙っていた。ヨシイエの思惑がわかったからだ。


彼が授業に向かったので、私とK氏は一度退席し、昼食後に出直した。そこで出たのが本章の冒頭の言葉だった。

案の定、ヨシイエは「自分の本を、ドラマの原案に加えてほしい」と言い出した。ヨシイエはこの三週間ほど前、初めての著書『不良少年の夢』（光文社）を刊行していた。本の帯にはTBSの了解を取った上で「ドキュメンタリーで大反響」と大きく書かれていた。売れ行きは好調だった。

K氏は「参考にはしますが、原作はドキュメンタリーです」きっぱりとそう言った。これに対してヨシイエは「どんなドラマにするかはお任せします」と、午前中とは違って内容にはこだわりがないような返答をした。現実が歪められることを案じていたわけではないのだ。そして言った。

「最後に私の本をクレジットしてください」

そうすれば本の帯に、「連続ドラマ原案」の文字を入れることができる。それを期待していた（事実、そうなった）。

結果、連続ドラマのエンドロールには、「原案」として、上から順に「ヤンキー母校に帰る（ＴＢＳ・ＨＢＣ）」「不良少年の夢」「ヤンキー母校に生きる」の三つが表記された。

ドラマがスタートする十月に発売された『ヤンキー母校に生きる』（文藝春秋）もヨシイエの自著だ。私が制作した番組（二〇〇三年五月。北海道ローカル放送）のタイトルをそのまま使った。

ヨシイエと同期で着任した小野澤慶弘《おのざわよしひろ》先生は、のちに彼から『不良少年の夢』をプレゼントされる。ところが、「読めねえよ、こんなの！」。その本はハングルで書かれてあった。話題を呼び、韓国でも出版されたのだ。

なぜヨシイエがそれを渡したのか、小野澤先生にも理由はわからない。

二〇〇三年度。ヨシイエの学校内での担務は、生活指導部だった。北星余市高校では三年間生徒を受け持ち、卒業させると、二年ほど担任を離れ、生徒会、寮下宿、ＰＴＡなどの担務を分掌する。

生活指導部は生徒が起こしたさまざまな事件、酒やタバコ、薬物などの問題を調査し、生徒と向き合って反省を促す。悪質な事件の場合は、生徒を退学処分にする案を職員会議に提出することもある。責任が重い仕事だ。日々の授業ももちろんある。

こういった学校の仕事だけでもたいへんなのに、ヨシイエには、ドキュメンタリーの放送後、取材や講演の依頼が殺到した。週末や、夏休みなどの長期休暇は全国を飛び回るようになっていた。

ヨシイエを取り巻く状況の変化は、彼の内面や言動に大きな影響を及ぼす。それは同時に、教師たちとの関係、そして私との間にも影を落とすことになる。

正しいビンタの張り方？

連続ドラマ「ヤンキー母校に帰る」は、金曜夜十時からの「金曜ドラマ」枠で二〇〇三年十月スタート。十二月までの「秋クール」での放送。八月の北海道ロケからクランクインの予定だった。ヨシイエが生徒時代に学んだ教室があった旧校舎（二〇〇三年時点では書道や美術の教室として使われていた。現在は取り壊されている）でも撮影が行なわれる。私はこのドラマの制作にも参加することになった。

キー局のドラマ制作の現場を体験できるのはありがたい。しかし、それによってドキュメンタリーの取材をする時間はなくなる。その代の三年生にはトランスジェンダー（当時は「性同一性障害」という言葉しかなかった）の生徒など、じっくり取材したい生徒が多かった。それができなくなることが残念であると同時に、彼らにも申し訳ない気がした。

ロケが始まる前、七月半ばだったと記憶しているが、お互い忙しい合間をぬってヨシイエと余市町内の居酒屋で会食する機会があった。小野澤先生夫妻、そして四人の卒業生が一緒だった。ヨシイエがこの年、担任として送り出した生徒たちの一期上で、「横ノリ同好会」のメンバー。ヨシイエが「ダチ」と呼ぶ卒業生たちだ。

その宴の後、私は見たくないものを見てしまった。


ヨシイエの妻、裕美さんが一時間ほど遅れて居酒屋にやってきた。ヨシイエが何か声をかけたが、それには応えず、テーブルの料理に箸をつける。

結婚から一年。二人には、この年の五月に長男が誕生していた。かわいらしい子で、柔らかな頬を私も何度かつつかせてもらったことがある。その長男を連れてこなかったのは、彼女の母親が関東地方にある自宅から孫の様子を見に来ていたからだと記憶している。

「ここは愛星寮じゃないからな、変なこと言うなよ」

裕美さんが無言であるにもかかわらず、ヨシイエが言った。夫人が不機嫌なのが、数日前の夫婦喧嘩によるものだと、私はその愛星寮の清水ウメ子さんから聞いて知っていた。

新聞か雑誌かは忘れたが、ヨシイエは自分を取材に来た女性記者と深夜まで痛飲し、最後は彼女を自宅に泊めた。おとなしい裕美さんも、これには激怒した。

日ごろから、産まれてまもないわが子を顧みず、講演で家を空けてばかりいる夫に鬱憤がたまっていた。「もう離婚」と捨て台詞を残して、裕美さんは愛星寮に行った。ヨシイエに対する不満を清水夫妻に訴えたのだ。おそらくヨシイエは機嫌を直してもらおうと、居酒屋に呼んだのだろうが、裕美さんの表情は硬いままだった。

私と卒業生の一人、幸平（仮名・当時19歳）は札幌まで帰る。裕美さんがＪＲの駅まで車で送ってくれることになった。未成年の裕美さんは酒を飲んでいない。その車内で「事件」は起きた。

「なんだ、その言い草は！」

助手席のヨシイエが怒声を上げた。車は停まっていた。信号待ちと思っていたが、ヨシイエが車を止めるよう裕美さんに指示したようだ。私は裕美さんの後ろに座っていた。助手席のヨシイエが素早い動きで上体を前に移したのがわかった。同時に、体を反転させる。彼の右手が、私の目の前を猛スピードで通過した。

バチン！

大きな音が車内に響いて、裕美さんの顔が揺らいだ。私は唖然とした。

「ヨシイエ、何やってんだ、おまえ！」

私は後部座席から思わず声を上げた。

「さっちゃん（当時ヨシイエは私をこう呼んでいた）は黙ってて。俺たち夫婦の問題だ」と彼は吐き捨てる。

十数秒前の記憶を、私は酔った脳裏から慌てて手繰り寄せる。ヨシイエが「おまえ、こないだ、車庫に車こすったから気をつけろよ」、たしかそんなことを言った。それに対して裕美さんはこう返したはずだ。

「ほんのちょっとでしょ」

……その返答にキレたのか？

「あの車買うのに俺がどれだけ無理したか、おまえ、わかってんのか！」と怒鳴り散らす。

裕美さんは「ごめんなさい。ごめんなさい」と繰り返し詫びる。少し涙声だ。さっきまではヨシイエが裕美さんの機嫌を取る側だった。一発のビンタが二人の立場を一瞬にして逆転させた。暴力にはそんな恐ろしさがある。

「もう二度と言うなよ」

ヨシイエがすごんだ。裕美さんは大きく頷いた。

いったん走り出した車が、道端の自動販売機の前でまた止まり、ヨシイエが下りた。車内の沈黙に耐えかね、私は裕美さんに「大丈夫？」「よくあるの？」などと聞いてしまった。答えられるわけがない。彼女は「ふふん」と恥ずかしそうに微笑むだけだった。ヨシイエが四人分のジュースを買って車に戻ってきた。

私は隣にいた幸平に目を向けた。彼は何も言わず、窓の外を見ていた。平静を装っていたのかもしれないが、私のような動揺は感じられない。ダチである幸平は前にもこうした場面に遭遇していたのかもしれない、と私は思った。

二〇二四年、久しぶりに幸平に連絡を取った。二十年前のビンタ事件について幸平は「よく覚えてますよ」と苦笑した。「目撃したのはあのときだけじゃないだろ?」と尋ねると……「そうすね、ヨシイエ先生、キレる人だから」。

ビンタを目撃した数日後、少し迷ったが、清水ウメ子さんにも話すことにした。

「そうなのよ、あいつ……」とウメ子さんは表情を曇らせた。ヨシイエが裕美さんに手を上げるのを、寮母も目にしたことがあったのだ。

ヨシイエが感情の起伏が激しい人物であることは、私も学校関係者も承知している。彼は「自分は子どものころ、親に暴力を振るわれた」と講演でも話すことがあった。しかし、トラウマの一言では片づけられない彼の危うさを、私はこのビンタ事件に感じた。

とはいえ、ヨシイエと私のつきあいは、この後も（決して長くはなかったが）続いていく。また義家氏と裕美さんの結婚生活も（二〇二四年で）二十三年目を迎えている。

ビンタ事件の数年後、私は、テレビ出演した「ヤンキー先生」が、「正しいビンタの張り方」を披露しているのを見たことがある。彼が北星余市を退職してまもないころだったと思う。

「真横に頬を張ると脳が揺れるので危険です。だから斜めから切り落とすように打つ。こうやって」とお笑い芸人に実演した。スタジオは大ウケで、本人も笑っていた。

私の脳裏に、あのときの裕美さんへのビンタが蘇った。裕美さんの顔は、大きく真横に揺れていた。

二〇〇三年十二月半ば。連続ドラマ「ヤンキー母校に帰る」の撮影がクランクアップした。東京都内のホテルで行なわれた打ち上げの席で、私はヨシイエからメールでもらったメッセージを代読した。

「出演者のみなさん、そしてスタッフのみなさん、本当にお疲れさまでした。時に涙しながら拝見させていただきました。カリスマ教師の活躍が主流である昨今の学園ものにはない、『みんなで意見をぶつけあわせながら生徒と向き合う』というテーマがしっかりと描かれており、単に娯楽としてではなく、閉塞感のただよう教育現場に貴重な一石を投じる作品であったと思います。

ただ北星余市の教育は『卒業式』を抜きには語れません。ぜひ彼らを卒業させてあげてほしいと切望しています。親愛と期待を込めて」(二〇〇三年十二月十一日)

ヨシイエは、卒業式が描かれる続編を期待していた。それは一年四カ月後の二〇〇五年三月、単発ドラマとして実現する。一方で、連ドラのとき以上の悶着を起こすことになる。

連ドラ終了から一カ月後の二〇〇四年一月、「今、やっと家に帰ってきた」とヨシイエからメールが来た。その続きにはこうある。

《今年の予言。北星余市に、とんでもない事態が！（笑っている絵文字）でも俺は今まで通り自分に出来ることを精一杯やるだけです。それが出来なくなった時俺はこの場所をさらなきゃならないから。がんばるぜ》（二〇〇四年一月二十四日）

「ヤンキーの学校じゃない」

二〇〇四年四月の入学式。大麻事件で激減した生徒の数は「ヤンキー」効果で一気に回復した。

前年は四クラスだったのに、新一年生は六クラス。体育館に集まったたくさんの新入生たちを見て、私はヨシイエを描き続けたことは間違っていなかったと思った。

一方で、北星余市を取材する意欲が萎えてしまっている自分に気づいた。

私は疲れていた。ヨシイエが着任して五年間……七本の番組に彼を描いた。

制作スタッフは私だけ。ADなどはいない。取材だけではなく、編集作業もある。映像の中のヨシイエとも連日、長時間にわたって向き合う。夢の中にまで彼が登場するようになる。加えて関係者に取材の了解を取り付けたり、神経を使う交渉事があったり、その流れで人生相談に乗ったり……。しかもこの間、二度の大麻事件があった。メディアが一斉攻撃する中で、義憤に駆られて自分が正しいと思う報道をした。そのあとに、連続ドラマだ。

「こういうとき、ヨシイエ先生だったら、どう行動するだろう？」

脚本へのネタ出し、大麻事件も描いたのでそのときの状況説明、次回予告の編集までした。プライベートの時間などなかった。私にはめまいの持病があったが、だんだん激しくなり吐き気を伴うようになってきた。会社に願い出て、半年間の休暇を取った。

この休暇を取ったことを、のちに私は後悔することになる。

この時期、ヨシイエは急速に教師集団から孤立を深めていく。それだけではない。親のように慕っていた愛星寮の寮父母とも仲たがいしてしまうのだ。


ヨシイエが有名になり、ついには母校を去るまでに、いったい何があったのか？

ヨシイエ本人、愛星寮の寮父母、安達夫妻からは、休暇が明けてから断片的に話を聞いた。しかし、今に至るまで、同僚だった教師たちとは、この件についてほとんど話をしてこなかった。

私は二〇二四年になって、二十年前を知る教師数人に、当時のヨシイエの言動、学校の空気などについて確認することにした。

ヨシイエと同期で親友の小野澤先生は言う。

「学校内でいろんな声が上がるようになって、やつは『俺はこんなに学校のために根詰めてやってるのに』って、へそ曲げたっていうか、スネたんですよ。それで最後は『もうやってられるか』みたいな状況になって」

「ヨシイエがスネたっていうのは、いつごろからですか？」

「九月の学園祭が終わったあたりですかね、二〇〇四年の。それまでもいろいろ言われてたじゃないですか？」

「『講演やめろ』とか？」

「そのこともそうだし、外車乗り回して……みたいな、ポルシェですよね。彼はそもそも見えっ張りじゃないですか？　ブランド物とかも嫌いじゃないし、そのくせいつもジャージ着てたりするんだけど」

高価なものを身につけるのは個人の自由だ。教育の中味とは関係がない。そのうえで書き留めておくが、ヨシイエの右手には高級腕時計ロレックスが巻かれていた。私がそれに気づいたのは二〇〇三年の夏だった。担任をしているときにはつけていなかったはずだ。「五十万円した」と話していた。「いつか息子にやるのが楽しみなんだ」とも。

「中古のポルシェを三百万円ぐらいで卸してもらえるって、やつは聞き付けて、『どうしても欲しい』って。俺自身は車に百万円以上出す人間じゃないけど、『へえ、ポルシェって三百万で買えるのか、意外に安いな。国産車の新車とそんなに変わらないじゃん』って思ったんですね。納車のとき、俺、一緒に行ったんですよ、札幌ドームの近くの中古車屋。俺の車にやつを乗せて。納車のあと、『乗る？』とか言われたんだけど、ぶつけても嫌だし、車高もやたら低いし、『やめとくわ』って。俺は自分の車で余市まで帰ったんです。

そしたらあちこちから、『ポルシェなんか買っちゃって。羽振りがいいのは副業で儲けてるからだ』って、そういう声が入るようになって。保護者の中にもそう見ている人がいたし、保護者の名を借りて先生が自分の本音をぶつけてるのかなって感じの発言も職員会議では出たし。『そこらの新車と値段変わらないのに、なんでこんなに叩かれなきゃいけないんだ』っていう話を、やつはずっとしていて。

『自分は週末とかをつぶして、学校のために、生徒募集のために講演をこなしているのに』って、不満はすごくあったと思うんですよね」

当初、講演の依頼は学校に入り、学校長が対応した。当時の校長、佐々木成行先生（82歳）は言う。

「いや、ボクが依頼の電話を受けたとしても、そのまま彼に『ハイ、こんなの来たよ』ってすぐ先方の連絡先を渡していましたから。窓口とかマネジメントとかそういうのではないです。むしろ、『こんなに引き受けて、体、大丈夫なのか』って心配でしたね。『無理するなよ』って彼にも言いました」

しかし、小野澤先生は、

「校長が電話とって連絡先を渡した時点で、やつは、学校として受けたんだなって受け取りますよ。その一方で『休んだら?』って言われても、『受けておきながら何言ってんだ。矛盾してるじゃねえか』ってなりますよね？　ヨシイエもあの性格だから、『こんなときに休んでいられるか』って言葉を返して。来る話はほとんど受けていたと思います」。

やがてヨシイエは、熊本県にあるイベント会社「アプローズ・ケイ」とマネジメント契約を結ぶ。講演の窓口は、学校からその会社に移った。契約した理由を、彼は私にこう説明した。

「校長がダブルブッキングしちゃって、もうダメだと思って」

佐々木元校長としては異論があるだろうが、そんなミスを起こしてしまうほど依頼が殺到していたのは事実だろう。小野澤先生は言う。

「でも、外部が入ることによって、講演料がどんどんどんどん値上がりしていくんです。それまでは交通費と最低限の謝礼、たぶん二万円か三万円ぐらいだったのが、マネジメント会社が入るとどうしてもそうなるじゃないですか？　いくらかはボク聞いてないけど、動いているお金が大きくなって、ＰＴＡからも『さすがにおかしくないか』って声が高まってきたんです」

当時、ヨシイエに批判的なＰＴＡの一人がこの会社に電話をかけていた。講演料を尋ねたところ「一回、五十万円」と言われたそうだ。私の知る札幌市内の企業も、二〇〇四年に彼を呼んでいる。「三十万円支払った」と私は担当者から聞いた。

ただ、ヨシイエは学校への配慮も見せている。

「やつはバスを買って、学校に寄贈したんですよ。『維持費だけは学校で持ってね』って。ありがたく使わせてもらって。そのバス、買い換えて、今あるのが二台目か三台目ですけど、北星余市がバスを持てたのは彼のおかげです」

そのバスはさまざまな用途に使われている。十勝川のイカダ下り、昭和新山国際雪合戦などのイベント会場まで、参加する生徒たちを運ぶこともある。小野澤先生はじめ数人の教師が大型運転免許を取得した。

副業かそうでないのか、教職員の間でも意見は分かれていた。佐々木元校長は「後半はとくに、自分の利益のためにやっているように見えましたね。ボクの目には」と話す。先生によれば、別の視点から「ヤンキーブーム」に疑問を投げかける教師たちもいたようだ。

「ボクとの会話の中で、何人かの先生は……『うちはヤンキーの学校じゃない。いろんな生徒がいる。ヤンキーの学校というレッテルを貼られるぐらいなら、生徒が集まらないほうがマシだ』……そんなことを言ってました」

「高速道路で車は急に止まれない」

職員会議で講演の問題が取り沙汰されるたび、ヨシイエが放っていた言葉がある。安河内敏先生は言う。

「『高速道路で車は急に止まれない』と。よくそう言っていたのは覚えていますね。『もうやめることはできないんだ。あちこちからどんどん講演を引き受けてしまっているから、穴を開けるわけにはいかないんだ』と。学校はもちろんですけど、彼自身にも解決できない状況になっていたんだと思いますね」

安河内先生は当時、学校の総務委員会（全体の方針などを協議するリーダー的な役職。校長と教頭のほか、教職員の推薦で毎年三人が選ばれる）のメンバーだった。しかし……。

「総務がいくら話しても、ずうっと平行線で、ボクはサシでも一回話したことあるんですけど、こちらの意見はまったく聞かない……。何を言っても聞いてくれないもんだから、総務も動けない状況になっちゃったんです。学校が彼を制御できないんですよ。

『仕事に穴を開けていない』って言うけど、教師たちがバラバラになっていく。『学校のためにやってるんだ』って言っても、内部がガタガタになっていく……。どうすればいいんだって、ほとほと困りましたよね。

うちは教職員みんなで協力して助け合って、っていう民主的なやり方をしている学校なのに、その伝統的なルールを『関係ねえや』って破る教師が出てきちゃうと、なんの手立てもなくなるんですよ。『みんなで話し合いながら協力して、一つの方向に向かっていきましょう』っていう大前提を崩されてしまうと」

安河内先生は、ヨシイエと話すことに虚しさを覚えることもあったという。

「『弱いんですよ、ボクは』って言ってました。『弱いからこうなっちゃうんです』って。どういう脈絡で言ったんだったか、前後の記憶はかすんでますけど」

「先生は、どう返したんですか？」

「『強くならなきゃいけないよね』と言ったと思います」

「そう言うと、彼は？」

「『弱いままじゃダメなんですか？　なんで強くならなきゃいけないんですか？』って」

堂々めぐり、いや、駄々っ子のようだ。

「冬だったかな、『彼が、学校をやめます』ってなったときには、『あ、そうなんですか？』って感じでしたね。『やめるな』とも思わなかったです」


二〇〇三年秋、私がドラマの仕事で東京にいたころ、ＴＢＳの編成担当から「某女性週刊誌はあることないこと書くから、ヨシイエ先生に取材を受けないよう伝えてください。きっと依頼が来るはずだから」と言われ、彼にそのまま電話で伝えた。その週刊誌からの取材オファーを、すでにヨシイエは受けていた。

「もっと早く言ってよ！」

キレた感じではないが、イライラと鬱憤がたまっているときの彼の口調だった。

その後、彼からこんなメールが来た。

《さっきはカッとしてすみません。ずっと前からの葛藤なんだけど、俺が必死に母校を守ろうと躍起になっているのに、会議ではみんな同じように議論してるのに、現実問題として大きなギャップを感じてて…温度差が余りにもあって…だからヤツ当たりしてしまいました。本当にすみません。（略）
でもこの場所に集う奴等の笑顔が確かにあるのだから、俺はまた立ち上がらなきゃならないんだよね。奴等の場所を守る為にも俺は「オトナ」にならなきゃね…頑張るよ…》（二〇〇三年九月十八日）
ヨシイエがそのときすでに、教師集団の中で疎外感を覚えていたことがうかがえる。

ヤンキー御殿？

ヨシイエは二〇〇三年、本の印税や講演料でかなりの額の収入を得た。「余市町の長者番付で四番目だった」と、ある教師から私は聞いた。当時は新聞などに高額納税者が載っていた（二〇〇五年度分から廃止）。

しかし、私がヨシイエに最後に会ったとき、彼は苦笑しながらこう言った。

「金、使っちゃってね」

後年、ヨシイエのかつての担任、俊子先生と尚男さんを「ビバハウス」に訪ねた際、尚男さんはヨシイエの懐事情を、よく通るバリトンの声で私に説明した。

「ヨシイエが講演で全国を回ることにやりがいを感じるようになっていたのは確かです。でもそれ以上に、やむにやまれぬ事情があった。マンションを買ったでしょう?」

ヨシイエの一番大きな買い物は、余市の隣、小樽市の中心部にある三階建てのビルだった。ヨシイエは家族三人でそこに暮らすようになっていた。

「彼はローンを組まず現金で買ったんです。所得税も高額なのに、固定資産税もかかってくる。彼は翌年、『こんなにかかるのか』って青ざめていました」

尚男さんは同様のことを北海道内の雑誌のインタビューでも語っている。ヨシイエが北星余市高校を退職したあと、妻の俊子先生に代わって取材に応じたのだ。

ヨシイエの同期、てつじ（高橋哲慈さん）も当時、本人から事情を聞いていた。てつじは小樽の住民でもあった。

「マンション、一億円ぐらいしたんでない? あいつ社会科の教師なのに、税金のことまったく頭になかったからね。億稼いだら半分近くは翌年税金で持っていかれる、って、俺だって知ってるのに」

講演をし続けるしかなくなったのさ、とてつじは言った。

「あいつは、アホですから」

小野澤先生がヨシイエのことを振り返る際、私は何度もそのフレーズを耳にした。

「俺には『講演を続けざるをえない』って言い方はしてなかったですね。ただ、『ない話じゃないな』って気はします」

　このあとにも「あいつ、アホですから」が挿入された。友情がこもった、温かな「アホ」が。

「ビルを購入する前も、『買うか買わないかで迷ってんだよね。今買っておけば、将来、ビルの家賃収入で食えるかもしれないし』って。俺は『一棟買うっていったら相当な金額じゃないの？　やりくりがつくなら好きにすれば？』って。値段がいくらだったかは聞いてないですけどね」

　ヨシイエが「ダチ」と呼ぶ卒業生の一人が小樽商科大学に通っていた。ヨシイエは、その卒業生をビルの二階に住まわせていたそうだ。

「たぶん彼からは家賃取ってなかったんじゃないかな。ヨシイエと家族は三階に住んでましたね」

「ヤンキー御殿」と揶揄する人たちもいたそのマンションに、小野澤先生はよく足を運んだという。

　ヨシイエが職員会議で「もうやめる」と言い放ち、途中で帰ってしまったときも、小野澤先生は小樽に駆けつけた。二〇〇四年の九月、学園祭が終わったころだった、と先生は記憶している。

「おまえさあ、ブチ切れるのもわからんでもないけど、そんなの最初から予想できたことじゃん、って。車のこととか講演のこととか、言われることはある程度、想定内っていうか、覚悟の上だったんじゃないの？　わかった上でやってきたんでしょ？　『安達先生の恩に報いる』とか、『学校を助けるために』って続けてきたんだから、『やめる』って言い出すのはおかしいぞ。少し冷静になって考えろよ、って」

親友の説得に応じて、このときは退職を踏みとどまった。

「TBS？　お引き取りを」

二〇〇四年の秋だった。TBSが「ヤンキー母校に帰る」のエピソード・ゼロとして『不良少年の夢』のドラマ化を決め、私にも参加の呼びかけがあった。放送は翌二〇〇五年春の予定だ。「学校にも挨拶に行きたいので、同行してもらえないか」と依頼も受けた。

私は半年間の休暇が明けていたが、ヨシイエと学校の関係が悪化していることを伝え聞いていたので、制作参加も挨拶への同行も断った。それだけではなく、「やめるべきだ」と事情を説明した。

しかし、TBSサイドは、まさかそんな事態が起きているとは夢にも思っていない。義家弘介役に、「嵐」の櫻井翔さんをすでに押さえていた。松田優作さんの次男、松田翔太さんの同作でのデビューも決まっていて、もう引き返せない。

学校に挨拶に行った帰り、TBSのプロデューサーと編成担当者が私の勤める局に立ち寄った。

「『おたくらTBS？　帰れ』って言われましたよ。すごい剣幕の先生が一人いて。『絶対ダメ、俺はそのドラマ認めない、お引き取りを』って」

K先生だ、と私はピンと来た。ヨシイエの一年後に着任した男性教師（二〇〇八年退職）で、教科も同じ社会科、しかも同じ北星余市の卒業生だった。ヨシイエが三年生のときの一年生、安河内敏先生が担任だった。そんな経歴からか、日ごろからヨシイエにライバル心を持っているように見受けられた。

一方で、外部の人に対してそんな大人げない態度を取るのは変だ、という思いもあって、あとで佐々木校長に尋ねてみた。事情がわかった。

原因は、ヨシイエが「週刊文春」で連載しているコラム「ヤンキー母校で吼える」（コラムタイトルは、二〇〇二年十月・北海道ローカル放送の番組「ヤンキー母校で吠える」から取った）にあった。当時のことを、安河内先生も覚えていた。

「それも会議で問題になりました。ヨシイエもその場にいたと思います。生徒の実名を出したんですよ。『載せていいか』とも聞かないで、いきなり。『それはマズいでしょ』って話になった」

その生徒の担任が、K先生だった。

「Kの口から、『生徒も親も困惑している』みたいな話がたしか出たと思います。でもヨシイエは『何が悪いんですか?』って。『すみません』とはならなかった。十一月だったと記憶しています」

当初、K先生はヨシイエの講演活動に対しては同情的だったと、安河内先生は言う。

「学校としてちゃんと休みを取らせるべきだ、平日に彼の休日を設けるべきだ、って職員会議で最初に発言したのはKでした。でも、同じ学年の社会科を二人でクラスを分担して持っていたんですけど、Kが『ヨシイエが授業で使っているのと同じ教材を使いたい。同じプリントを貸してほしい』って言ったのかな。そしたらヨシイエが憤って、『そんなのおまえが自分で作れ』ってケンカみたいになっちゃって。もともとソリが合わなかったんでしょうけど」

プリントぐらい共有すればいいのに、とも思うが、ヨシイエの心はそれほどまでにざらついていたのだろうか?

「週刊文春もそうですけど、たしかこの時期、個人ブログを始めたんですよ、彼。それも問題になって。北星余市の教師として発信していたので……そうである以上、なんでもかんでも発信していいわけじゃないよね? って話をしたんです。そしたら彼は『検閲するんですか!』って」

安河内先生が苦笑した。

先生の言葉に、彼のブログを初めて見たときの、私自身の暗澹《あんたん》たる思いが蘇る。

「夢は逃げていかない　自分が夢から逃げているのだ」

目に飛び込んできたタイトルの文字。前の章でも触れたが、これは余市町在住の画家、中村小太郎さんの言葉だ。私がヨシイエに会うように勧めた、しかし彼は会うことのなかった、小太郎さんの……「夢は逃げない　俺たちが逃げている」。

私の番組の「吠える」を「吼える」に変えたのとはワケが違う。小太郎さんはこのタイトルで自叙伝を書こうとしていたのだ。

安河内先生が話を続けた。

「愛星寮と反目し合うようになったのも、その時期ですよね、ＰＴＡも巻き込んで」

「金持ってちゃ悪いか！」

愛星寮とヨシイエの間に起きた問題は、かなり込み入った話になる。

一九八八年、北星余市高校の二年生に編入したヨシイエは、前述のように最初に入った寮で先輩に暴力を振るい、そのオトシマエとして自身の両足の爪を剥がした。退寮処分となって移ったのが愛星寮だ。

「とにかく暗い子」

寮母、清水ウメ子さんの、ヨシイエの第一印象だ。

ヨシイエはケンカをして学ランを泥だらけにして帰ってきたこともあった。ウメ子さんにも反抗的な態度を崩さなかった。

だが、ヨシイエが高熱を出して寝込んだときだった。ウメ子さんがお粥を作って部屋まで持っていくと、ヨシイエはポツリと言った。

「どうしてこんなに優しくしてくれるの?」

ワルだった寮生が少しずつ心を開き、卒業の春をつかんで、大学に進み、教師になって戻ってきた。ヨシイエは寮父母にとっても誇りだった。北海道内でヨシイエの講演があるとき、寮父の幸雄さんはドライバーを買って出た。

二〇〇四年春、入学式の日だったと思う。私とウメ子さんは、愛星寮の厨房の裏、清水家の居間でヨシイエから切ない話を聞いた。本州方面(ヨシイエの自著によれば郷里の長野市)で講演をしていたところ、会場の後ろのほうから大きな女性の声がしたという。

「私がお母さんだよ!」

産みの母親は(年齢的には姉に近いが)俳優の沢口靖子さんのような人だとイメージしていたヨシイエは、「本当に自分の母親なのか、誰かの悪意のあるいたずらなのかわからないけど……母親にあんなことされたらたまらないな」と漏らした。タバコの煙を吐き出す彼の姿を、ウメ子さんは見つめていた。

「でもいいや。俺にはお母さんがたくさんいるから」

ウメ子さんもその一人だった。

ヨシイエの本がベストセラーになると、卒業生の一人が「ヨシイエに会いたい」と電話をかけてきた。金の無心だと直感したウメ子さんは、連絡先を教えなかった。自分の息子がその後、ヨシイエとの間で金をめぐるトラブルを起こすことになることを、このときウメ子さんは想像していなかったのか、それとも一抹の不安を感じていたのか……。

ヨシイエの一期下に、隆二（仮名・51歳）という男がいる。ビーバップ時代の気持ちのいいツッパリで、私の番組でもその時代の象徴としてしばしば登場してもらった。

隆二は、二〇〇四年の終わりか翌五年の初め、ヨシイエの同期、てつじ（髙橋哲慈さん）と小樽のマンションを訪れている。「不良少年の夢」が映画化され（全国公開は二〇〇五年十月）、そのビデオがあるので「一緒に見ないか？」と誘われたのだ。

ヨシイエの家には、家族のほかに若い男性が三人来ていた。隆二は「生徒」と私に言ったが、おそらく卒業生だろう。ヨシイエは酒を飲んでいた。隆二はヨシイエにこう言われたという。

「隆二、どう思うよ？　ヨシイエが金持ってちゃ悪いか！」

からむような口調ではなかったが、その後もヨシイエは同じ台詞を繰り返したそうだ。金を得たことで周囲から妬《ねた》まれるようになったと嘆いているのだろうか？　隆二には彼の真意がつかめなかった。

ヨシイエは唐突に立ちあがると、奥の部屋から何かを持ってきた。それは、帯封のついた札束だった。三つあった、と隆二は記憶している。一つ百万円なので三百万だ。

「必要だったら使っていいぞ」と札束を差しだされた。俺は金の無心に来たんじゃない……隆二はここに来たことを後悔していた。

「ありがとうございます。でも、俺バカだから、この金すぐに使っちゃいそうだ。ヨシイエさん、申し訳ありませんけど、しばらく預かっといてくれませんか」

そう言って丁重に百万円を返したという。

「俺、なんか情けなくなっちゃって」

隆二が私にその話をしたのは十年ほど前、場所は彼が経営するラーメン店だった。隆二は目を伏せると、こう言った。

「子どもたち（生徒たち）が見ている前で、あんなことしちゃいけませんよ」

隆二は在学中、愛星寮で暮らしていた。寮で問題を起こすと、隆二は自ら幸雄さんの前に進み出る。

「おじさん、思い切りキツイ拳固、お願いします」

幸雄さんは家業である石材屋の労働と、余市で盛んなスキーのジャンプ競技で鍛えた偉丈夫《いじょうぶ》。この時代のツッパリ、とりわけ隆二のことが気に入っていた。

「よし、歯を食いしばれ！」

ガツン。

「ありがとうございました！」

幸雄さんはそのスタイルをいつまでも「良し」としていた。そのこともＰＴＡや学校との間で問題になっていた。

小野澤慶弘先生は振り返る。

「あのころがちょうど過渡期だったと思うんですけど、親父さんに手をあげられた寮生の親が、学校に苦情を寄せるようになってきたんです。酒飲んで酔っ払った状態で手をあげたってケースもあって。『学校はいつまで放置しておくんだ！』って強いお叱りを受けるようになって、これはいよいよダメだなと。愛星寮の代表はウメ子さんになっているので、『このままいくとたいへんな問題になるので、親父さんを関わらせないでくれ』って言ったら、それを耳にした親父さんがブチ切れる、っていう展開になって」

ヨシイエと清水夫妻に生じた確執について、安河内先生はこう話す。

「何かをきっかけに、おじさんが『あいつは俺に砂をかけやがって』みたいな気持ちになったようで、それをおじさんがＰＴＡの前で口にしたらしいんです。それが『愛星寮のおじさんがヨシイエの悪口を言った』ってＰＴＡから学校に連絡が入って。それで学校から、『ＰＴＡ

を巻き込むのはやめてください』みたいなことを言ったら、『俺が思ったこと言って何が悪いんだ』って。ヨシイエも制御きかないけど、おじさんも制御がきかなくなって」

安河内先生は義姉の紹介で、札幌の弁護士に会いに行った。

「平たく言えば、愛星寮を切ろう、と動いたんです」

ところがこれは難しい問題だった。

「なんの契約書も交わしていないことに、その弁護士さんが愕然として。契約違反なら切るって可能なんですけど、それもない状況で何十年も学校の生徒を預かってきたのなら、それは簡単には切れません。訴訟になっても勝てるという保証はありません、って言われて」

余市町内に当時二十数軒あった学生寮は、学校が建てたものではなかった。町の人たちが空いている部屋を貸したり、自宅を増改築したりしてできた寮だ。北星余市の教育は、町の人たちの善意と協力で成り立っている。学校が一方的に「寮をやめろ」とか「うちの生徒は入寮させない」と主張できるものではないのだ。

二〇二四年四月。私は愛星寮の寮母だった清水ウメ子さん（80歳）に連絡を取った。寮は十年前に畳んでいる。当時のヨシイエとの確執について改めて尋ねると、ウメ子さんはつい今しがた起きたことを語るような高ぶった声で言った。

「ＰＴＡだけじゃなくてさ、本だとか連載だとかにあの子書いたんだ、私たちが自分のこと誹謗中傷してる、って。雑誌とかあちこちから取材が来たんだよ。ぜんぶ玄関払いしたけど。『あなた方、そうやって、今が旬だって人の言うことならなんでも信用するんだね？　そのうち化けの皮はがれるから見てなさい』って。あの子は絶対許せない。私、死んだら化けてくっついて歩いてやるから」

ウメ子さんは、そこまで一気にまくしたてると「ちょっと待って」と入れ歯を装着した。夫の幸雄さん（81歳）は病に伏せていた。

「子どもが産まれたときだって私たち一生懸命世話してさ、一カ月健診にもついてって、ベッド欲しいって言われたらベッド買ってやって、一歳の誕生会もしてやって。私ら別に、見返り求めてやったわけじゃないけどさ。あの子、さも当然みたいな顔して」

そして、過去に何度か聞かされた台詞が飛んできた。

「河野さんが悪いんだ」

時間を、二〇〇四年に戻す。

私はかつて愛星寮の番組を作ったこともあった。ヨシイエと愛星寮の間にどんなトラブルが起きたのか詳細はわからなかったが、両者の仲裁に動いた。

十一月二十五日。ヨシイエから届いたメールの履歴があるので、正確な日付がわかる。

私はその日の午後六時半に、小樽でヨシイエに会う約束を取り付けていた。その前に愛星寮を訪ねた。午後三時ごろだ。勝手口から居間に入ると、幸雄さんが血圧を測る姿が目に飛び込んできた。ストレスがたまっているようだ。

「こないだ、ヨシイエに説教たれたんだ、ここで。ガッツリ言ってやった」

幸雄さんなりに、ヨシイエが家族に寂しい思いをさせて講演に飛び回っていることを案じていた。職員会議での彼のふるまいも耳にした。学校が問題視する「ＰＴＡに話した、ヨシイエについての悪口」も、幸雄さんにとっては「可愛い元寮生の近況を憂いている」という愚痴に近いものだった。

幸雄さんの説教に、ヨシイエも言い返したようだ。激情派同士、プロレスで言えばヒール（悪役）同士の対決に似ている。「それだけは言っちゃダメでしょ」という反則技も繰り出されたはずだ。私に話すうち、幸雄さんの顔がどんどん紅潮していく。

「最後は『帰る』って一言言って、そっから出てったんだ。『もう二度とうちの敷居はまたがせねえからな』って言ってやった。『少しは謙虚になれ』って、あのヤロウ！」

気づけば、ウメ子さんも居間にいた。

「あんた、また血圧上がるよ」

このあとヨシイエに会うことは、ウメ子さんに伝えてあった。

「たぶん、うちの息子の話とかも出ると思うけどね……ぜんぶ嘘だよ。あの子だってヨシイエにはいろいろとしてやったんだから」

清水家の長男、昇（仮名）は、車の修理と販売を生業としていた。私も彼から中古車を買ったことがある。幸雄さん譲りの頑丈な体を持つ。見た目はちょっと怖いが、人懐っこい性格で寮生の面倒見も良かった。

ヨシイエは、学生時代も卒業後も、彼を「ニイさん」と呼んでいた。小樽の塾講師時代には、ヨシイエが浜に放置して海水に浸かってしまった彼の愛車（私と札幌で会うときにも乗ってきた外車）を、昇はクレーンを持ってきて引き上げてやった。

二〇〇四年夏。昇は、ヨシイエに電話をかけていた。

「おまえに売った車の代金、未払い分がある。払ってくれ」

夢は逃げた…

ヨシイエの自宅のそばで、待ち合わせていた。ほぼ時間どおりに、車のライトが見えてきた。ポルシェではなかった。中傷されて買い替えたのか、それともポルシェは車庫の中か、私は尋ねなかった。

「車置いてきますね」

私は三階建てのその家を初めて見上げた。

近所の天ぷら屋に入った。小野澤先生と来たことがあるという。奥の小上がりに通された。

焼酎のグラスに口をつけると、ヨシイエは言った。

「愛星寮のことなら、何を言ってもムダですよ」

「何があった？」

「聞いてるんでしょう？　あっちから」

「ヨシイエからも聞いておかないと、本当のことがわからない」

初めのうちは、具体的なことは語られなかった。

「あの寮を何回助けました、オレ？」「この件についてだけは学校の言うことが正しいですよ」

そうした総論ばかりだ。しかし、疲れが溜まっているのだろう、ヨシイエは酔いが回るのが以前より早い。私は極力口を挟まず、聞き役に徹した。

やがて、待っていた具体的な話が出てきた。

「愛星問題は、突き詰めると、〝昇〟問題ですよ」

金か、と尋ねると、ヨシイエは苦々し気に頷いた。

ヨシイエによれば、昇を介して中古車を買ったが、購入して随分経った二〇〇四年夏ごろになって急に、昇が「未払いがある」と言い出したという。この話は小野澤先生にもこぼしていたようだ。二〇二四年になって、先生から私は聞いた。

「『寮の世話にはなったけど、それはないだろう』って、やつは激怒してましたね」

一方で、私はヨシイエ自身が以前、こう話すのも聞いている。

「俺、わらしべ長者なんですよ。乗り換えるたびに車のグレードが上がっていって」

二〇〇二年か二〇〇三年、受け持ちの生徒が三年生だったときだ。ヨシイエは昇に紹介された中古車販売店で、随分な値切りをした。それを自慢話のように笑いながら語っていた。その場に妻の裕美さんもいたようで「あれはひどかったよ」と彼女が苦笑していたのを覚えている。おそらくトラブルの遠因には、そうした過去のいきさつもある。あとで昇にも確認しようと、私は思った。

「『愛星つぶしてください』って、俺、学校に言いました」

彼の狙いはそこにあった。

「あんな寮はつぶさなきゃダメだ」

何もかも壊れていくように私は感じた。学校も寮もヨシイエ自身も……。

そのやるせなさから、話さないでおこうと決めていたことが、私の口をついて出てしまった。

「おまえのブログのタイトル、あれパクリだよな？　『夢は逃げない　俺たちが逃げている』」

あれは中村小太郎さんの言葉だ。覚えていないとは言わせないぞ」

ヨシイエの顔色が変わった。眉間にしわを寄せ、唇を尖らせる。それもほんの短い間のことだった。彼は、ふっと笑みを浮かべた。

「『夢は逃げていかない　自分が夢から逃げているのだ』。俺のブログはね」

「呆れてモノも言えんわ。小太郎さんは自分の本のタイトルにしたいって思ってたんだぞ。それも言ったよな？　人の言葉を取るな。それで不快な思いをしている人がいることは知っているはずだ」

ベテランの山岸栄先生によれば、ヨシイエはこのころ講演会場に、北星余市高校の教師たちが毎年まとめていた「研究紀要」を持ち歩いていたという。各教師が授業の成果や指導法などをリポートした冊子だ。卒業生から電話がかかってきて、先生の知るところとなった。

「『先生が俺たちに言ってたのと同じようなことを、ヨシイエが言ってたぞ』って。彼が講演に来るってなったら、その地域の卒業生とかＰＴＡとかは足を運ぶじゃないですか。それで気づいて、ボクに連絡を寄越したんです」

このころヨシイエが講演やメディアでよく口にした「当たり前の教育」はガンさんの言葉。「転ばせる教育」と研究紀要に書いたのは安河内先生だ。

「私の先輩教師は」と一言付け加えれば、なんの問題もない。むしろ喜ばれる。教師集団の中での居心地も良くなるはずだ。それなのに、彼はそうしない。

一方で、話すネタ、書くネタに窮していたのだろう。「週刊文春」での生徒の実名記事も、根っこにある問題は「ネタ切れ」だ。講演に飛び歩いて、生徒とリアルに向き合う時間は激減しただろうから。

小樽の天ぷら屋。「夢は逃げない」問題に戻る。

ヨシイエにキツいことを言いながら、私の脳裏にはこんな言葉が浮かんでいた、彼がこのあとに吐くべき台詞として、だ。

「パクリなんかじゃない、実体験だ。夢から逃げなかったから、俺は母校の教師になれたんだ！」

それへの反論も頭に浮かんだ。

「じゃあ、その夢からおまえ、絶対逃げるなよ！」と。

しかし、実際の彼はこう言った。

「だったら聞くけどさ、運命、と言ったら、ベートーベンの盗作になるの？」

「名詞だろう、それは。屁理屈もいいかげんにしろ」

「不愉快だ、帰る！」

ヨシイエは席を立った。私は全身から力が抜けた。

店を出るとき、店主が「先生、徹子の部屋、見ましたよ」とヨシイエに声をかけた。この少し前にヨシイエが出演したようだ。

勘定はヨシイエが払った。彼に奢られるのは、これが最初で最後となった。

「早苗（仮名）のところで飲んでくる。失礼します」

店を出ると、ヨシイエは私を見ずに歩き出した。早苗は彼が担任として送り出した三年C組の卒業生で、小樽の短大に進んだ。このとき、市内の飲食店でアルバイトをしていた。

札幌に帰る途中、ヨシイエからメールが来た……。
《かっとなってすみませんでした》
「気にしてないよ」と返信した。
ヨシイエの姿は、それ以降、テレビでしか見ていない。

「学校やめたりしませんよね？」

ヨシイエの説得が物別れに終わったことを、私は清水ウメ子さんに電話で伝えた。昇にも事実関係を問い質そうとした矢先、彼のほうから連絡が入った。「金を貸してほしい」と言われ、「十万円貸す」と応じた。当時も今も私にとっては大金だ。

金が返ってくるとは端から思っていない。餞別だ。昇と会うことはもうないだろう。振り返れば、彼の結婚式にも出た。某タレントと一緒にスキーにも行った。いろいろと思い出がある。

翌日、私は職場近くのコーヒーショップで昇に金を渡した。「金は貸すから、何があったかぜんぶ話せ」と彼に言った。昇は立て板に水のごとく細部まで説明したが、どの話にも信ぴょう性は感じられなかった。

私は仕事に戻ったが、頭が働かず十分ほどでまた外に出た。職場のそばの道に、昇の車が停まっていた。車内にもう一つ人影がある。シルエットは男性のものだ。何か話しているようで、二つの人影は揺れていた。私が彼に渡した十万円は、その人物への返金だったのかもしれない。生きていくのはキレイごとではない。ワルだった自分を知る連中が悪意を持って近づいてくることなど、ヨシイエなら容易に想像できたはずだ。昇の一人や二人、鷹揚《おうよう》にあしらえなくてどうする？

清水幸雄さんは学校を訪れ、これまでの言動を謝罪した。

安河内先生によれば、「十一月か十二月だった」と言うので、私がヨシイエと会ってまもなくのことだ。

「出るとこ出てやるみたいな勢いだったのに、急にシュンとなって、驚きました。裁判にならなくて、こちらとしても助かりましたけど」

清水夫妻からその辺の事情は聞いていないが、私の仲裁が不調に終わったこととは無関係であることを願う。

二〇〇四年の秋。多くの人が傷つき、また傷つけた。

「信じていた人に裏切られた」とヨシイエはブログに書いた。

そう言われた当事者の一人、清水ウメ子さんは私にこう漏らした。

「あの子は、頑張ってるのは自分だけ、傷つくのも自分だけ、って思っているんだよね」

私もまた疲れ果て、北星余市高校の取材をやめることを決断した。

私は腹を立てていた。ヨシイエだけではなく、学校に対しても、だ。

ヨシイエのいい面はこの学校だから活かせる。悪い面もこの学校だから補える。私の知る、私の愛した北星余市なら、ヨシイエの暴走を止められたはずだ、と悲しかった。

同時に、休暇を取った自分にも腹が立った。これまでどおりの頻度で学校に通っていたなら、ヨシイエの変化にもっと対応できた。少なくとも昇の行動ぐらいは事前に止められた。

そして、それでもまだ私は信じて疑わなかった。私が描かなくなる北星余市にも、きっとヨシイエは存在し続けるはずだ、と。

「かつてのワルが教師になって母校に帰ってきた。後輩でもある生徒たちとの熱血、真剣勝負。その格闘の日々を追う」

……これほどまでに痛快なテーマはなかなかない。頻度は減るにしても、どこかのメディアが取り上げ続けるだろう。

連続ドラマを企画したTBSの編成統括は、初めて余市を訪れた日の夜、酒の席で「私、有名になったとたん変わっちゃった人を何人か知っていますけど、まさか先生、学校をやめたりしませんよね?」と冗談半分でヨシイエに尋ねた。

「ありえません。やっと夢が実現したのに」とヨシイエは答えた。

その一年半後、『不良少年の夢』のドラマ化の了解を取りに来て、K先生に「帰れ」と言われた別の編成担当は、私に「こんなに早く、堕ちていくなんて……」と深いため息をついた。

まさか本当に退職することになろうとは……。

「二学期の半ばごろ」という教師もいれば、「冬休みから」という教師もいるが、ヨシイエはピタッと学校に来なくなったそうだ。

安河内先生は「冬休みぐらいにはもう、横浜市と話つけてたんだな、って思いましたね、あとになって。四月に着任しているので『ああ、そうだったのか』って」

小野澤先生は、本人から聞いていた。「もうやめる」と職員室でキレたときに小樽を訪ね、「やめてどうすんのよ？　どうせ何も考えてないんだろう？」と尋ねたときだ。

「横浜市長の中田（宏）さんから教育委員の仕事のオファーが来てるんだ、みたいな話をし始めて。食いつなぐために仕事は必要だよな、って。心配してたから、その点では少し安心しましたね」

それでも、そのうち気持ちも変わるだろう、と小野澤先生は想像していた。

「ところがやつは、頭冷やすどころか、逆にカッカカッカ来て、どんどんボルテージが上がっていく感じになっちゃって。これはもうどうにもならないサイクルに入っちゃったなあ、って思ったのが、秋の終わりか冬の初めか、職員会議中に出ていってから週間ぐらい経ったころですかね」

小野澤先生はもうヨシイエに「やめるな」とは言わなかった。

「彼を快く思っていない人がこれだけいる、っていうのがボクもわかったので。その中で嫌な思いしてまで、学校に居続けろ、っていうのは酷だなと思って。彼が一生懸命やってきたのは知っているし、彼の性格も理解しているので、どうこう言うつもりはない、と。自分で決断したなら、それはそれで尊重する。ただ、『教育の世界から離れるのはダメだ。教育の世界で頑張ってほしい』って言ったんです。『横浜の教育委員の任期が何年か知らないけど、二年か三年してほとぼりが冷めたころに余市に帰ってきたらいいんじゃないの？　そのときは状況も変わっているかもしれないし』って」

小野澤先生は「そしたらやつは、『おまえが早く偉くなって俺を呼び戻せ。それなら戻って来れそうな気がする』って」と笑った。

当時の校長、佐々木成行先生に、二〇二四年、「ヨシイエはどんな人物だったか？」と私は改めて尋ねた。

「うーん」……佐々木先生は腕組みをした。長い間のあと、

「感情的になって言葉が荒くなる人……優しいときと怒ったときの落差が激しい人……」

佐々木先生はゆっくりと考えながら答えた。

「一言でいうなら、おニイちゃん……若干未熟な、おニイちゃん」

「死にたい…」

二〇〇五年一月十七日の午後四時、北星余市高校で臨時の職員会議が開かれた。学校に来なくなったヨシイエのことが議題だったという。

「新年度の分掌も決めなければいけない時期だ。ヨシイエ先生の意志を、学校としても確認しておかなくてはいけない」

誰が確認しに行くか、という話になった。引き受けたのは、千葉敏之《ちばとしゆき》先生（当時53歳）だった。

「誰も行きたがらない雰囲気だったから。俺はヨシイエ先生のこと、そんなに嫌いじゃなかったし」

先生は現在、明治時代に開園した、小樽市のロース幼稚園の理事長を務めている。私は以前ヨシイエから、「こないだ職員会議でチバとバトった（論争した）」と聞いたことがあった。足しげく彼を訪ねていた小野澤先生ではなく、学校の最後の使者が千葉先生だと聞いて、意外に思った。

「生徒がヨシイエ先生のことで文句を言っていたので、そのことを確認しに行ったら、『俺と生徒とどっちを信じるんですか？』って言われたりね。口が悪くてカチンとくることもあったけど、助けられたこともあったんだ」

千葉先生のクラスに覚せい剤の使用歴がある生徒がいた。夏休み、地元に帰ると再び使用してしまう恐れがあった。生活指導部長のヨシイエに相談すると、『俺の家、空いてるから使ってください』って、彼言ってくれてね。その生徒のお母さんも一緒に、夏休みいさせてもらったんだ」。

ヨシイエはすでに小樽のマンションに引っ越していたが、余市町内に借りていた家をまだ解約していなかったのだろう。その生徒は薬を断ち、のちに卒業を手にする。

「小樽のマンションでは一時間近く説得したかな。でも、全然ダメだった」

千葉先生はこのときヨシイエが「死にたい……」と漏らすのを聞いたという。

その一カ月後の、二月十六日。各メディアで、ヨシイエの退職が報じられた。
クリスチャンである千葉先生は、日曜日の礼拝の奨励（信徒による説教）で、ヨシイエのことを語った。三月三十日の奨励だ。
「私たちの日々の生活の中に悲しみや苦しみは渦巻いています。時にはあきらめの気持ちになることもあります。（略）
義家という一人の教師が退職することになりました。（略）
彼はその異色の経歴のために マスコミで取り上げられ、自ら望んだわけではないのに有名な

存在になっていきました。その彼が北星余市をやめなければならなかったのは、一言で言うならば人間の罪です。（略）

決定的だったのは彼の味方になり、彼を守ってくれると信じていた教師たちもまた（略）彼を追い詰めたことでした。講演や出版物で収入を得るのは北星学園の規定に反する副業ではないかなどと、元の校長、深谷哲也氏が以前、新聞記事や雑誌に連載したり、講演にしばしば出かけて収入を得ていたときにはまったく問題にもされなかったことが問題とされたり、生活指導部長という責務のために、授業を自習にして事件の調査にあたらなければならないこともしばしばあったことを知ってか知らずか、授業を自習にすることが多すぎて学校の教育に支障をきたしているなどと、ほとんど中傷ともいえることが教師たちからも浴びせられていました。

彼の欠点や行動の問題点も数多くあります。しかし、それは人間が誰しも持っている欠点や問題点の域を越えるものではありませんでした」

北星余市高校を退職したヨシイエは、二〇〇五年四月、横浜市の教育委員になった。「週刊文春」での彼の連載のタイトルが少しだけ変わった。

「ヤンキー母港《ヨコハマ》で吼える」

港町、横浜には、彼が北星余市高校を卒業後、学校推薦で入った明治学院大学の横浜キャンパスがあった。

その半年後の二〇〇五年十月、ヨシイエがパーソナリティーを務めるラジオ番組がスタートした。

「ヤンキー先生！　義家弘介の夢は逃げていかない」

余市町の画家、中村小太郎さんの著書もこの年、別のタイトルで出版された。私は小太郎さんに出版祝いのシャンパンを、お詫びの言葉とともに手渡した。

二〇二四年、三月半ば。千葉先生を小樽の幼稚園に訪ねた十日ほどあと、「言い忘れたんだけど」と、先生から電話があった。

「ヨシイエを訴える、って言ってた親御さんがいたんだ。長男がうちを退学したあと、自殺未遂を引き起こしてね」

第四章　「訴訟を検討している」

悪夢の謹慎処分

二〇二四年三月半ば。山名周一さん（仮名・71歳）に会うため、私は関東地方のとある駅に下り立った。

改札を抜けて外に出ると、駅前のロータリーに停まった車から、日焼けした青年が野球のバットケースを提げて下りてきた。

「じゃあ、八時ね」

車内に声をかけると、父親が頷きを返した。ふだんなら気にも留めない父と子の何気ないやりとりが、この日の私には特別な光景のように見えた。

周一さんの長男、一幸さん（仮名・37歳）は、二〇〇四年秋、北星余市高校を一年生のときに退学した。学校から謹慎処分を受けたのが引き金だった。処分を言い渡した生活指導部長がヨシイエだ。

「親父、学校を訴えてくれ！」

自宅に帰された息子が開口一番に発したその叫びは、周一さんが抱いていた学校への信頼を揺るがせただけではなかった。

退学して一年半後の二〇〇六年五月。一幸さんは、薬物を大量に摂取して自殺を図る。一命は取り留めたが、下半身に重度の障害を負った。

周一さんは、この当時の資料を取ってある。

北星余市の学校行事で写した一幸さんの写真、寮（愛星寮だった）での懇親会で司会を務める周一さん自身の写真、学校から手渡された謹慎命令書、一幸さんが病院に運ばれてからの詳細な記録、患部のＣＴ画像、そしてヨシイエを取り上げた新聞記事や彼の「週刊文春」連載の一部……膨大な量だ。学校、とりわけヨシイエと、一幸さんの担任だったＳ先生に対する怒りと不信感は「過去のものにはなっていない」と私は感じた。

義家氏には序章に書いた取材依頼の手紙のあとも、私が取材を進めるうちに初めて知ったいくつかの事柄（この山名さん親子をめぐる問題もその一つだ）について、事実関係の確認を求めた。

それに対しても返答はなかった。

山名一幸さんは、関東地方の県立高校を中退後の二〇〇三年四月、一年遅れで北星余市高校に入った。入学してすぐ「ヤンキー」ブームが起きる。

入学式には周一さんと母親の容子さん（仮名・当時52歳）も出席した。容子さんは長く介護の仕事をしていたが、四十代半ばをすぎてから准看護師になるための猛勉強を開始。四十八歳で合格した努力家だ。

しかし、医療の現場で働けた時間は二年間しかなかった。乳がんを発症したのだ。闘病二年。さまざまな治療に取り組んだ。入学式の二日前に受けた検査で、がんが肝臓に転移したことが判明した。

「妻は、北星余市に子どもを託すような気持ちだったと思います」

六月二十九日は、一幸さんの十七歳の誕生日だった。彼は母親の病室にいた。周一さんから、容子さんが「いよいよ危ない」という連絡を受けて、余市から帰省したのだ。意識を失う前、容子さんは二人の子にハグを求めてきた。

「妹はしたんですけど、ボクは拒否したんですよ。したくなかったので」

三十七歳になった一幸さんは、少しぶっきらぼうな口調で言った。両親ともに毒親だった、と私に話した。

「心の中にカギをかけてしまってあるので、具体的に何をされたかは思い出せないんですけど」

翌三十日の午前七時二十三分、容子さんは帰らぬ人となった。

息子の入学式に出るために、病魔に蝕《むしば》まれた体で電車と飛行機を乗り継ぐ毒親などいないはずだ。そのことは一幸さんもわかっていた。

「自分では気にしていないつもりだったけど、やっぱりショックだったんですね。母親が死んでから、耳にヘッドフォンつけるようになって。周囲の雑音を全部シャットアウトして閉じこもっていました」

愛星寮の寮母、清水ウメ子さんは、母親の初七日《しょなのか》を終えて寮に戻った一幸さんが、部屋で声を上げて泣いていたのを覚えているという。

一幸さんは落ち込むことも多かったが、四国から来た相部屋の同級生も心に傷を負った生徒で、互いにいい距離感を保っていた。朝が苦手な彼を一幸さんが起こして、学校に向かう寮のマイクロバスに乗せることもあった。「助かっている」とウメ子さんに言われて、父親の周一さんは少し誇らしかった。一幸さんは学校が終わって寮に帰ると、相部屋の彼と「三國無双」などのテレビゲームを楽しんだ。愛星寮の居心地は良かったという。

しかし、二年生になった翌二〇〇四年、九月十三日……。一幸さんは、ヨシイエ指導部長に呼び出されることになる。学園祭がその週末に予定されていた。

一幸さんは、職員室の中の「指導室」でヨシイエを待った。なぜ自分が呼ばれたのか、理由を考えていた。思い当たることは一つしかなかった。

マサシくんという一年生の寮生がいた。「マーボー」というニックネームだったが、ポッチャリした体形だったので、一幸さんと、同学年の水沢（仮名）、シゲくんの三人は、彼のことを「マーブー」と呼んでいたのだ。水沢は、一幸さんとは別の指導室に入れられた。シゲくんは「もう学校をやめる」と言ってこの少し前に地元に帰っていた。

「悪気はなかったけど、本人がイヤだと思っていたなら申し訳ないことをしたな、と。イジリだ、と叱られるなら、そのとおりかもしれないので、マサシにも、ヨシイエ先生にも謝ろう、と思っていました」

バタンとドアが開いて、ヨシイエが指導室に入ってきた。

父親の周一さんによれば、この翌日、自宅に帰された一幸さんはこう話したという。

「ヨシイエは入るなり怒鳴り声をあげた」「指導室の中のテーブルを蹴っ飛ばした」「ガアーッと一方的にまくし立てたあと、出て行った」「その間、二分か三分ぐらい」「自分は何も言葉を発していない」……。

一幸さんは、ヨシイエから言われた言葉も語っていた。

「おまえは人の人生狂わせるようなことをしたんだぞ！」

現在の一幸さんは、

「自宅に着いたときはまだ興奮状態だったと思います。この取材を受けるまで、親父に何を言ったか忘れていました。でも言われてみれば、たしかにそう言ったなと……。オーバーキルな指導だったと思います」

オーバーキル。恥ずかしながら、私はその言葉を知らなかった。「必要以上の、過剰な攻撃を行なうこと」をいう。

生活指導部であっても担任であっても、生徒と対決しなければならない場面がある。

その際、教師にもそれぞれ個性や哲学があり、生徒との向き合い方も自ずと違ってくる。

ヨシイエ自身は生徒時代、二年生のときに二度、謹慎処分を受けている。一度はタバコ、一度は、前述したが、寮で三年生に暴力を振るったときだ。ヨシイエに処分を言い渡した生活指導部長は、伊藤《いとう》英博《ひでひろ》先生（二〇一三年死去）だった。

伊藤先生はかつて炭鉱で働いた柔道六段の大男だが、冗談好きで陽気な人だった。声も大きい。ヨシイエの代よりずっとあとに見た場面だが、先生は指導室に入るなり生徒にこう言った。

「おまえ、やったべ、わかってる、ぜんぶ言え、正直に吐け。俺っちは、これから河野さんと飲みに行く約束してる。さっさと切り上げたい。早く吐け」

暴力やイジメ、薬物などの重大な問題ではさすがにこうはいかないが、酒やタバコといった些細な案件では、迫る、というより、包み込むような指導をした。

ヨシイエが担任した三年C組を副担任として支えた山岸栄先生は、指導室から聞こえてくるヨシイエの怒声があまりに剣呑《けんのん》だったので、「どうした？・」と様子をうかがったことが何度かある。

「教師によってやり方は違うけど、大事なのは、最終的に生徒たちに納得させること。『わかりました』って。謹慎に入れるにしても、職員会議にかけて退学処分を下すにしても。だって、教育なんだから」

私の好きな教師の一人に、生徒から「鬼」と呼ばれた一戸弘利《いちのへひろとし》先生（85歳）がいる。

「『おまえなんか、学校やめて帰れ』って言うときな、言ってる俺だって不安なんだわ。本当にやめたらどうしよう、せっかく北海道まで来たのに、俺の指導で……とか思うけどな。でも、なんで俺がこんなに怒っているのか、わかってもらわないとさ。俺、しょっちゅう生徒にヤキ入れてるけど、生徒が歯向かってきたとか、あとで仕返しされたとか一度もないよ。『どっちが悪い？』って、いつも聞くんだ、生徒に。『怒ってる俺と、怒られてるおまえ、どっちが悪い？・』って。みんな、『俺です』って言うよ。『当たり前だ』ってヤキ入れるんだ」

「鬼の一戸」の指導には、情、があった。

「あいつら、今はわからなくても、十年経ったら俺が怒った意味わかるんじゃないか？・」

一幸さんの場合、十年でわかるどころか、二十年経っても消えない傷が残った。どうしてなのか？

小野澤慶弘先生がこの事件について知ったのは、発生から三年半が経過した二〇〇八年三月末だった。先生は春休みを利用して、千葉県で開かれた「全国非行を考える親の交流集会」に参加していた。その会場で、山名周一さんから声をかけられたのだ。

「事件のこと、ボクは何も知らなかったので、その日の午後の分科会は全部キャンセルしてお父さんの話をうかがって……。『とにかくもう一回調べるので時間ください』ってお伝えして」

ヨシイエはこの三年前、二〇〇五年三月に退職していた。

小野澤先生は、当時の担任団と、ヨシイエ部長とともに生活指導を担った二人の教師に事実関係を確認した。指導部の教師が記録する「指導部ノート」も参照しながら、一カ月かけて報告書をまとめた。たいへんな作業だったと推察される。

報告書は、Ａ４用紙七枚。事件についての「周一さんの認識」と、小野澤先生が関係者に確認した上で出した「学校の見解」を併記する形でまとめられていた。

しかし、先生は正直にこう書いている。

「四年前にさかのぼることであり、全ての資料がそろっているという訳ではありませんでした」

私は報告書を、周一さんから見せてもらった。一方で、小野澤先生からも話を聞いた。

「いきなり指導室にドーンと入ってまくしたてた、テーブルを蹴っ飛ばした、っていうのはまったく想像がつかないんですけど」と前置きしたうえで、先生はこう言った。

「ヨシイエの演技の可能性もある、とボクは考えてるんですよ。『おまえ、俺をこれだけ怒らせるようなことをしてるのに、思い出せないのか！　こんな重大なことをしておいて、しらばっくれるのか！』っていう。そういう指導をすることは、彼に限らずあるので。今はおとなしい生徒が増えて謹慎の件数は大幅に減りましたけど、指導の中で演技をすることは今でもあります。

『帰れ』って突き放して、『自分はどうしたらいいのか？』って考えさせるのも指導なので。その考えさせる役割は本来、指導部じゃなくて、担任がやるんです。『ヨシイエにこう言われたんだけど、どうしたらいいの？』っていう生徒に、担任が寄り添う」

ヨシイエ自身も著書の中で、北星余市の「生活指導部」と「担任」の関係性をこう書いている。

「生活指導部は、たとえ生徒たちから煙たがられようとも、『これ以上やったら絶対に許さない』という明確な線を体で示すことで『リミットセッティング』をする。それを受けて担任は、『あなたは私のかけがえのない生徒です。一緒に頑張りましょう』と『ホールディング』をする。（略）この確信的指導連携が正常に機能したとき、生徒たちは必ず正の方向に導かれていく」（『ヤンボコ　母校　北星余市を去るまで』文藝春秋、二〇〇五年）。

ヨシイエの指導が演技だったかどうかは確認できないが、生活指導部の厳しさを理解しつつ、生徒を諭す役割の「担任団」は、このときどうだったのか?

一年生のときから一幸さんの担任だったのは、S先生だ。男性のベテラン教師で、温厚で優しいが、気弱なところがある。ヨシイエの生徒時代は、隣のクラスの担任だった。「コラ、S!」と先生を呼び捨てにするツッパリたちもいて、ガンさんや俊子先生によく注意されていた。

S先生は毎朝クラスの生徒たちに学級通信を出したり、寮訪問をしたり、いわゆる「平時」の指導はこまめにやる。ただ、「有事」の際の指導は苦手な人だった。

S先生のこの問題への対応は、後述するがチグハグなものだった。なお、現在七十代後半のS先生は認知機能が低下し、当時のことを聞ける状態ではないことをあらかじめ断っておきたい。


起こった出来事を、わかっている範囲で時系列に沿って整理したい。

九月十三日。一幸さんが指導室に呼び出された日だ。ヨシイエに怒鳴られたあとの記憶が、一幸さんにはほとんどない。

愛星寮の清水ウメ子さんは、彼が血相を変えて寮に帰ってきたので「どうした?」と尋ねたという。返答が要領を得ないので、S先生に確認しようと学校まで車を走らせた。ところがS

先生の返答は「俺もよくわからないんだよ」。

職員室の一画にガラス張りになったタバコ部屋がある。ヨシイエの居場所だった。ソファーに座ってタバコを吹かすヨシイエと目が合った。

「プイって顔を背けてやった」

現在のウメ子さんはそう振り返る。両者の間には、この事件の少し前から亀裂が生じていた。

九月十四日。一幸さんは学校から謹慎処分を受けて地元に帰される。

父親の周一さんが保管してある「謹慎命令書」には、「事由　いじめ行為」「期間　2週間」と記されている。

一方で、一幸さんの自筆のメモも残っている。

「プライドすててあやまるのは出来る　きんしんはいいけど退寮はいたい」

寮でイジメがあると、加害者をほかの寮に移動させるのが北星余市のルールだ。書き殴られた文字には、処分に対する一幸さんの不満が見てとれる。謹慎処分を受けるのはこのときが初めてだった。

九月十八日。一幸さんを自宅に残して、周一さんは余市に向かう。

二日間行なわれる学園祭の初日だ。その晩、全国各地から集まったＰＴＡと各学年の担任による懇親会が開かれる。周一さんが参加を決めたのは、Ｓ先生に説明を求めるためだった。

ところが、Ｓ先生は「一幸くん本人に聞いてほしい」としか言わなかったという。クラスの生徒の父母がいくつかのテーブルに分かれて座っていて、S先生はそれらのテーブルを短い間隔で回っていた。「逃げ回っているように見えた」と、周一さんは言う。学校の報告書にも「当時の学校の判断を正確に伝えなかったことは担任のミスであり謝罪したい」と書かれてある。だが、S先生がなぜ父親に対してきちんと説明しなかったのか、その事情については触れられていない。

小野澤先生の報告書は周一さんに宛てたものなので、山名さん親子に私をつなげてくれた、当時の学年主任、千葉敏之先生も目にしたことはなかった。

私は先生に報告書を見てもらった。千葉先生は「変だよね」とため息をついた。謹慎処分は担任が同席のもと、生活指導部長から生徒に言い渡される。S先生が処分の経緯を知らないはずはない。

「S先生の心の中は見えないんだけど、もしかしたら自分でうまく説明できない、要するに謹慎処分に納得していなかったのかもしれないね。『なんで処分なのよ?』って」

つまり、S先生は指導部長ヨシイエの判断に疑問を持っていた可能性がある……と。

九月二十七日。周一さんは再び余市を訪れた。

二週間の謹慎処分がまもなく解除される予定だった。一幸さんは一足先に余市に入り、愛星寮にあった荷物をほかの下宿に移した。「しょんぼりしてたよ」……そこまで彼を送った清水ウメ子さんの言葉だ。

報告書には、この日の夜、担任団に校長も加わって、周一さんと話し合いを持ったと書かれている（それが自然だ）。しかし、周一さんにはその記憶がない。「先生方の話し合いが終わるのを、校長室の隣の応接室で待っていた」と話す。ヨシイエら生活指導部は話し合いには参加していなかった（その理由は不明）。

一方で、その応接室にもう一人ＰＴＡがいたことが確認できた。下級生を「マーブー」と呼んだ三人のうちの一人、シゲくんの母親、好恵さん（仮名）だ。

周一さんは「ずっと応接室にいたのでヨシイエの姿すら見ていない」が、好恵さんはタバコ部屋でヨシイエと言葉を交わしていた。

二〇二四年四月、私は好恵さんに当時のことを尋ねた。

「タバコ、三本ぐらい吸ったから、三十分は話したと思う。うちの息子、もう学校やめるって決めてたから、言いたいことぜんぶ言ってやった」

シゲくんはヤンチャな中学時代を送ったという。「テレビ見て、この学校なら自分も成長できるんじゃないか」と思って入学を決めたそうだ。年代的に二〇〇一年、北海道内で放送した最初の「ヤンキー母校に帰る」だろう。

入学してしばらくはいい学校だと実感していた。彼女もできた。ところが、二年生の一学期、自分の誕生日に寮の一年生たちからプレゼントされたＴシャツを、「作るよう強制したのではないか？」とヨシイエに疑われた。いくら「違う」と言っても聞き入れてもらえなかったと、シゲくんは好恵さんに話した。二学期に入って地元に帰ったのも、交際する女子生徒との痴話喧嘩にヨシイエが干渉してきたからだという。

「なんでそこまで言われなきゃいけないんだ!」と、シゲくんは退学する決意を固めたそうだ。

好恵さんがヨシイエに何を言ったのか、私は尋ねた。

「『やってない』って言ってるのに、『やった』って繰り返し責められたら、うちの子どうすればいいの? 『やった』って嘘つけば信じるのかい? ……そんなことを言ったと思うけど、もう忘れた。向こうもいろいろ言ってたけど、それも覚えていない。テレビに出ている人と話すの初めてだったけど、幼稚な物言いしかしなくて、『なんだこの人は?』って。『勝った』って気分になって学校出たのは覚えてる」

終始、肝っ玉母さんの話しぶりだったが、「もうすぐ修学旅行だったから、それには行かせてやりたかった」と言ったときは、声がわずかに湿っていた。

テレビはいいことしか言わないから――と、好恵さんは言った。

歴代の生徒や親から何度も聞かされてきた言葉だ。番組にはひたむきな教師の奮闘や苦悩が凝縮して描かれる。それを見て入学した生徒や親は、テレビで見たあの先生とくらべて自分の担任は……と思ったり、感動の卒業式に至るまでのトンネルの暗さや長さに戸惑ったり……。

私は、テレビの宿命と開き直るしかなかった。だが言葉は同じでも、好恵さんが発した言葉は、私の胸の深いところを抉《えぐ》った。

九月二十八日。小野澤先生の報告書にはこうある。

「まず、一幸さんが謹慎解除の時間に遅れてきた」「ただ、遅刻したそのことよりも、一幸さんが反省文の中に『本心としては転校したい』と書いたことに、指導部から担任に指摘が入った。『退学や転校を考えているようでは、その後の学校生活をちゃんと送れないのではないか?』という問いかけだ」

S先生は、周一さんが待つ部屋と、ヨシイエのいるタバコ部屋を何度も行き来しながら、疲れた顔でこぼしたという。

「ヨシイエのOKが出ないんだよ」「今は機嫌が悪そうだ。話ができそうにない」

報告書をまとめた小野澤先生も、一幸さんの反省文は読んでいない。通常、反省文は謹慎解除のあと担任が預かる。

しかし、一幸さんの場合、謹慎が解除されなかった。反省文は無念の思いとともに周一さんが保管し続けたのだ。文面を抜粋する。

「一年の時に自分は学校がいやでしょうがなくて、二年になったら転校したいと思っていました。(略)

しかし、いざ二年になり親にそのことをいうと、まっこうからひていされました。(略)

それでもうやる気が一気になくなってしまいました」

一幸さんはたしかに転校の希望を持っていたことを周一さんへの不満とともに綴っている。

だが、それで終わってはいない。最後はこう結んでいる。

「これからの北星生活はしっかり自分を持ち、やっていきたいと思います。これを期《ママ》に自分はこれからどうすればいいのかということを本当に考えなければいけないと思いました。中途半端な気持ちにそろそろ白黒つけなければいけません。なのでしっかり考えようと思います」

どこが問題なのか、私にはわからなかった。「白黒つける」の黒を「転校する」とヨシイエは読み取ったのだろうか？　仮にそうだとしても、「本心としては転校したい」という思いを抱えながら北星余市にとどまっている生徒はたくさんいるはずだ。

ヨシイエが生徒時代の指導部長、伊藤先生なら「いやいや、俺っちも本音では転校したいけど、この年じゃ再就職、難しいからな。一幸も、いい学校見つかって転校できるまでは、うちでガマン！　よし、解決！　謹慎解除！　即刻、解除！」。三十秒で終わりそうな気がする。

周一さんの許可を得て、千葉先生にも反省文を読んでもらった。先生の見解は、

「ずるい生徒だったら反省してなくても『反省した』って書くんだわ。『もう二度と学校をやめたいなんて言いません』とかね。最後の部分は受け取り方なんだろうけど、俺だったら問題にしないけどね。

ヨシイエ先生、なんだかんだ言いながらも情がある先生だと俺は思うんだけど、気分屋のと

ころはたしかにあるんだ。このとき一幸、解除の時間に遅刻しているでしょ？　カチンときたのかもしれない」

その一方で千葉先生は、半分はヨシイエからS先生への指導だった、と見る。

「S先生だったから、そういう態度に出たのかもね。二人の間でどんな会話があったかわからないけど、おそらくヨシイエ先生ね、S先生に強く言ったんだろうね。『気持ちが固まってないのはダメだ。ちゃんと本人の意思を確認しなさい』とか。S先生も『どうしていいかわからない』って状態になって、お父さんに『機嫌悪いんだよ』なんてこぼしたんじゃないかな。想像だけどね」

翌二十九日、S先生だけではなく担任団が一幸さんと向き合った。その数日後には、千葉先生がドライブをしながらの説得も試みた。しかし、

「一幸、真面目な子なんですよ。自分の気持ちに嘘つけなかったんだな。反省文を書き直すのに応じなかった。学年で指導したことが裏目に出て、かえって本人の気持ちが固くなっちゃった気がするね」。

私は過去に、北星余市高校での謹慎解除の場面を三度取材したことがある。

二〇一八年の取材は、一幸さんの状況と似ていた。生徒は謹慎期間が終わって戻ってきたものの、学校を続けるか退学するかで揺れていた。

このときは生活指導部長が、生徒と直接向き合った。反省文の至らないところを指摘し、担

任の教師と一緒に本人の意思を問い質したのだ。生徒はその場では曖昧な返事だったが、教室に戻された。反省文をあとで書き直し、その生徒は卒業をつかんだ。そのときどきの状況、教師と生徒、教師同士の関係性によって、展開も、生徒の人生も変わってくる。

私は一幸さんがイジリをした相手、マサシさんの実家に電話をかけた。応対した母親が、すぐに本人にメールで連絡を取ってくれた。マサシさんからの返信は、

《一幸先輩には可愛がってもらった。俺は嫌な記憶はない》。

マサシさんの母親は「マサシは北星余市で自信をつけた。愛星寮にも三年間お世話になった。二年生のとき少しトラブルがあったけど、先生方が支えてくれた。無事に卒業して、今元気で働いている」と明るい声で話した。

マサシさんは、人生を狂わされてなどいなかった。

一方でマサシさんは、同じ学年だった木島（仮名）という寮生がヨシイエに告げ口したらしい、とも話したという。本当のことはわからない。

だが、謹慎処分を下したヨシイエに対して、山名周一さんが長年こんな思いを抱き続けている事実は重い。

「人生を狂わされたのはこっちです」

自殺未遂

周一さんは事件のあった部屋で、そのときの状況を、自分の体を使って説明してくれた。

「こうしてあぐらをかいた状態で、携帯電話を折りたたんだみたいに、体がパタンと二つ折りになってて。ふつうの人の体って前屈してもこの辺でとまるじゃないですか。でも薬で神経と筋肉をやられてるから上体を支えられなくて。ここにあったコタツに頭を突っ込むようにして……。

コタツから引っ張り出して仰向けにしたら、血を吐いて、赤い鮮血じゃなくて少し白っぽくてドロッとした血で。鼻血も出ていて、虫の息で……すぐに救急車を呼んだんです」

北星余市を退学して一年半ほど経った二〇〇六年五月三十日、午前八時すぎ。自宅二階の部屋で意識を失っている一幸さんを、周一さんが発見した。

一幸さんはこの前日の午前十時ごろ、ネットで購入した鎮静剤を大量に服用した。救急搬送された病院で、周一さんは医師から「足は切断することになるかもしれません」と説明された。幸いそれは免れたが、薬の影響で壊死《えし》した右の脛《すね》の筋肉を切除した。腰や足の関節がコンニャクのようにゆるみ、股関節に人工関節を入れた。こたつのヒーターに頭を押しつけた状態が半日以上続いたので額の皮膚も損傷するなど、さまざまな部位を長期にわたって治療することになる。

一幸さんは六月二十九日、二十歳の誕生日を救急病棟で迎えた。

周一さんは、一幸さんが北星余市を退学した二〇〇四年から、ヨシイエの恩師、安達俊子先生と夫の尚男さんにときどき相談の電話をしていた。一幸さんが五カ月いた救急病棟から県内のリハビリ施設に移った二〇〇六年十月には、長い手紙を送っている。

「私に毎日、死ぬしかない、富士山のふもとにつれていってくれと言います」「負け組（子供が言っております）ではありますが、今は子供の命を守る事が私にできる、やらねばならぬ事です」

周一さんは、手紙だけではなく、俊子先生を講演先の福島県郡山市まで訪ねたこともある。講演を終えた俊子先生に、周一さんはこう話した。

「ヨシイエの暴力的な指導によって息子が精神的な苦痛を受けた。その影響で自殺未遂を引き起こした。訴訟を検討している」

後日、俊子先生から電話が来た。

「ヨシイエくんに伝えました。山名さんがあなたを訴えるかもしれないって」

刑事事件として暴行罪に問う場合、時効は三年。民事で慰謝料を求める際も時効は三年（当時。現在は五年）。発生は二〇〇四年九月なので、どちらも間に合うタイミングだった。

しかし、結局、周一さんは訴訟には踏み切れなかった。

「訴訟を起こしたら一幸の精神状態にも何か影響を及ぼすかもしれないし、時間も神経も削られます。それより、目の前の息子がどうなるか、先がまったく見通せない状況だったので、息子と向き合うことのほうが大事だと思い直して……」

山名一幸さんは現在、父親の周一さんとは違う町で一人暮らしをしている。

二階建ての一軒家。玄関のチャイムを鳴らすと、「どうぞ」と明るい声がインターフォンから届いた。ドアを開けると、メガネをかけた中肉中背の男性が立っていた。

一幸さんは足に装具を付けている。短時間ならふつうの人と同じように歩くことができる。ただ、雨の日は極力、外に出ない。装具が滑ると、そのままバタンと転倒してしまい、危険だからだ。足の踏ん張りや微妙なバランス調整が一幸さんにはできない。コンビニの掃除したての濡れた床も、彼には脅威だそうだ。

「一番きついのは、装具の不具合ですね。合わないと激痛が走って。頻度は減りましたけど、今も痛み止め飲んでます」

その装具はプロの「装具士」が作るが、一幸さんは微妙な調整は自分で行なっている。ヒートガンという、大型のドライヤーのような道具でプラスチック器具の角度や形状を変えるのだという。

「歩くときは絶えずどっかが痛かったり、痒《かゆ》かったりする感じです」

それでも、自分はラッキーだった、と一幸さんは話す。座っていた椅子を横に回して右足を上げた。踵《かかと》を動かす。

「しばらく全然動かなかったのに、あるとき突然、ピクッて、ちょっとだけ動いたんですよ。たったこれだけの動きなんですけど、これでアクセルが踏めるんです」

一幸さんは事件四年後の二〇一〇年、運転免許を取った。父親の周一さんが当時使っていた軽自動車は角度の問題で踏めなかったが、買い換えた普通乗用車は難なく操作できた。

「音楽にも支えられました。音楽とアニメは、ボクの財産ですね。好きで良かった。この二つがなかったら、どうなっていたことか。河野さんの世代の曲とかも聞きますよ、80s（エイティーズ）とか。マイケル（ジャクソン）、プリンス……あとビートルズもリスペクトしています。彼らがいなかったら、その後のポップシーンはなかったので」

一幸さんはＹｏｕＴｕｂｅに上がった「アヴィーチー」というスウェーデン人のＤＪが黒人のソウルシンガーとコラボした曲をかけてくれた。

「ビート作ってるのがアヴィーチーなんですけど、この人、何年か前に自殺しちゃったんですよ。世界を良くしたいって願っていたのに、アルコール依存症に負けて……そういうとこ、なんか共感しちゃって」

理由は一つじゃない

「親父はたぶんヨシイエと学校のせいだって思ってるんだろうけど、ボクがあんなことをしたのは単に、うつ、だったからだと思います」

十八年前の自殺未遂について話すとき、一幸さんの声はさすがに少し低くなった。

「嘘ついて『全部ヨシイエのせいです』って言うのは簡単なんだけど、それはうつになった理由の一つっていうか……北星余市で経験したこと、学校をやめたことは間違いなく影響していると思いますけど、原因は一個じゃなくて複合的なものです、たぶん」

一幸さんは関東に戻ったあと、パチスロをやるようになった。原資にしたのは亡くなった母親、容子さんの遺族年金だ。

「勝ったり負けたり波はあったけど、十万円か二十万円あったのが減っちゃって……友だちとも疎遠になって、誰一人相談できる人がいなくて」

自殺を図る二〇〇六年五月には、預金は底をついていた。

「ほかにもいろんなことがあったんですよ、そのころ」

県内に当時、整体師が運営する「教室」があった。通うのはおもに不登校の子どもだ。周一さんの勧めで、一幸さんは月に一、二度、その教室に足を運ぶようになるが、整体師も教室も好きにはなれなかった。

一幸さんの声はよく通る。まろやかで耳に心地よい。私がそう言うと「前にも一度だけ声をほめられたことがあります」。ほめたのはその整体師だった。

「声優にでもなれ、って言われた？」

「いや、ホストになれって」

周一さんは鍼灸師を自宅に招いたこともある。六十代の禿頭の男性で、一幸さんに鍼を打った。施術後「うちに飲みにこい」と半ば強引に車に乗せられた。「俺は昔、ジャガーに乗っていた」と自慢げに話す。「元ヤクザかな」と一幸さんは思ったという。治療院を兼ねた自宅に行ってみると、同じく六十代ぐらいの盲目の女性がいた。彼女は一幸さんの手を握って言った。

「この手は、優しい人の手ね」

父親の周一さんとしては、整体師の教室も鍼灸師も「ワラにもすがる思いだった」と私に話した。だが、親子の距離は開いていくばかりだった。

「うつになった原因は、ヨシイエや北星のこともあるし、スロットのこともあるし、根本的には親子関係っていうのもあるんで……。今の自分から見るとそんなの悩む必要ないのに、って思うんですけど、十代のその年ごろって狭く考えちゃう……。だからいろんな要素があってうつがひどくなって、もうそうするしかないって……。たぶんそういう感じです」

正直に話す一幸さんを、私は公正な人だと感じた。同時に、ヨシイエに対する疑問が膨らんだ。

ヨシイエは自著の中で、生徒を「本気で怒る」ことの重要性を述べている。

「褒めるより、怒るほうがよっぽどエネルギーを使う。憎まれるより、好かれたほうが嬉しいにきまっている。しかし、本当に生徒たちのことを考えたなら、たとえ憎まれてでも、しっかりと壁になり続ける」（『ヤンボコ　母校 北星余市を去るまで』文藝春秋）

それは、たしかにそうだろう。しかし、北星余市にはさまざまな傷を負った生徒がやってくる。「自分もその一人だった」とヨシイエは話した。

「私は教師である前に皆さんの先輩です。先輩である前に同じボロボロに傷ついてここにやってきた仲間です」

彼が教師になって最初の授業で語ったこの言葉は、前述した。

さまざまな傷を負った生徒がいるということは、生徒一人一人に合わせたさまざまな指導が必要だということだ。一幸さんは「謹慎の常連」ではなかった。怒鳴りつける指導は逆効果ではなかったか？　せめて「鬼の一戸」のように、「怒ってる俺と、怒られてるおまえ、どっちが悪い？」くらいは尋ねるべきではなかったか？

指導のあとのフォローも必要だった。担任のS先生が頼りにならないと感じたなら、なおさらだ。指導部長と担任、一人二役を兼ねればいい。

おかしな言い方だが、父と子の断絶という点でも、ヨシイエは一幸さんの先輩であり、仲間だ。

私がヨシイエの長野の実家に取材に行ったとき、父親の弘さんは「面白いものを見せてやる」と言って私とスタッフをトイレに案内した。「やめて〜」という育ての母の声が聞こえた（その言葉に、彼女はヨシイエが悪し様に言うほど悪い人ではないと、私は感じた）。トイレの壁には黒のマジックで（一言一句正確ではないが）こう書かれてあった。

「この世で真にグレートと呼べるのは、この義家弘介様ただ一人」

弘さんが破顔した。

「バカだよな」

ヨシイエと弘さんが和解するまでには、長い時間と膨大なエネルギーが費やされたはずだ。

ヨシイエは、二〇〇三年五月の「政治経済」の授業で、弘さんが脳内出血で倒れ「今、集中治療室に入っている」と生徒たちに語っている。

「切なかったぞ。これからやっと自分の時間が取れる、ってときに倒れて動けなくなった。親父は何のために生きたのか、願いは叶ったのか……いろんなことグルグル考えた」

それなのに……。

「でも、ふつうの人生だったら得られなかった知見っていうか、ふつうの人生じゃわからなかった境地みたいなものを知った気がするんで、そこは救いですね。これで何もなかったら、ただの暗闇なので」

一幸さんの紡ぎ出す言葉は、彼の地頭の良さを感じさせた。あの謹慎がなければ、大学に進学していたかもしれない。「たらればの話をするのは、一幸さんにとってかえって酷なことかもしれないが、そう思ってしまう。

義家氏の長男は、中学高校と海外で学んだという。複数の関係者から私は聞いた。

これに対してうがった批判をする人もいるだろう。「日本の教育の改革に取り組んでいるあなたが、なぜわざわざ子息を海外で学ばせるのか？　自分の仕事に自信はないのか？」と。

私は氏の教育方針に口を挟む気はない。学ぶのは子どもだ。長男の希望や適性を最優先してそうしたのだろうし、有名な父親を持つことで国内では彼が学びづらいと案じた結果かもしれない。私が氏に伝えたいのは批判ではなく、やるせない現実だ。

経済的に恵まれた義家氏の長男よりもずっと少ない教育の選択肢を、教師の指導がきっかけで失った人間がいる。その現実を氏は認識しておくべきだと思う。

有名漫画家の訃報

私は父親の周一さんからこんな話を聞いていた。

「こないだ急に、一幸が『母親の墓参りに行きたい』って言ってきたんです。今までは『さっさと墓じまいしろ。この足で行けるわけねえだろ』って感じだったのに」

一幸さん本人に、墓参りをしたい理由を尋ねた。漫画家、鳥山明さんの訃報がきっかけだと言う（二〇二四年三月一日死去。享年六十八）。

「三週間ほど前にニュースで知って、なんか、親父のことを考えちゃって。一緒に、電車で東京に行ったこと、なぜか思い出しちゃって……」

二〇二二年、新宿にある病院で診察を受けた帰りだった。

「親父がボクの前を歩いてて、ビル街の手前に親父の背中があって、それがものすごくちっちゃく見えたんです。あまりにちっちゃいんで、びっくりして……今回、鳥山さんの訃報で、その背中を思い出しちゃって……」

堪えきれず、一幸さんが嗚咽を漏らす。「すみません」の言葉と鼻をすする音が、数回リフレインされた。

「ちょっと、なんだろう、親父とケンカばかりしていないで……心の整理じゃないんだけど……自分が継ぐことできないから、最終的には墓じまいすると思うけど……でも、墓つぶせみたいな感情がなくなって……今さら親父と仲良くしようとは思わないんですけど……鳥山さんだって、全然死ぬ年じゃないんですよ、親父のほうが年上で……倒れる直前まで、漫画書いてたって……でも突然そうなる……だから……後悔しないように、行っとこうかなと……直感的にそう思って……」

「……お父さんも喜ぶんじゃないですかね」

「わかんないですけど……今は正直、いい親父だと思っています。自分でも考えられないですけど……」

二〇二四年、四月半ばの日曜日。一幸さんと周一さんは並んで、容子さんが眠る墓に手を合わせた。その帰り、和食のチェーン店で遅めの昼食をとった。周一さんは寿司とそばのセット、一幸さんはかつ重。追加の寿司を二人で分けた。

「父親として今までで一番うれしい日になりました」と周一さんから私にメールが届いた。


私には引っかかっていたことがあった。

一幸さんに謹慎処分を下したころの、ヨシイエの精神状態だ。小野澤先生に私は尋ねた。

「一幸さんに処分を下した九月って、ヨシイエがへそを曲げていた時期と重なりますよね？」

あ……と先生は低く声を漏らした。

「今までボク、そういう見方は一切してなかったですね。時期について考えたことはなかった、不覚にも。仮にヨシイエが生徒におかしな出方をしたのが事実だとすると、彼が自分自身をコントロールできない状況にあったという可能性は、たしかに否定できないですね」

つつくと丸まる虫がいるが、ヨシイエは全身からトゲを出す。一幸さんの担任、S先生も、いつも以上に攻撃的になっていたヨシイエに尻込みするところがあったのではないか？

ヨシイエは当時の「週刊文春」の連載「ヤンキー母校で吼える」第四十二回にこう書いている。

「十月二週目の月曜から金曜までの五日間、私は、はじめて長期にわたって母校を休んだ」

その理由を、がむしゃらに走り続けて心が摩耗したから、と説明している。この連載の切り抜きは、山名周一さんが保管する資料の中にあった。

二〇〇四年の十月第二週は、十月四日（月）から八日（金）。一幸さんは前週の九月二十九日まで担任らと反省文について話をし、最終的に地元に帰ったのは十月八日だった。

ヨシイエは、心が摩耗していた時期に、不確かな情報のもと、威圧的な態度で、生徒であり後輩であり仲間でもある一幸さんに迫った……その可能性はある。


一幸さんは、自殺を図った理由は複合的だと語った。その一方で、ヨシイエ（義家氏）についてはこう言っている。

「ヨシイエがまともであれば、ボクもシゲくんも謹慎にはならなかった。ヤクザみたいな人が教育に関わって、しかも高い地位にいる。それだけは許せないです」

第五章　副大臣と「俺の夢」たち

母校から母港へ――二〇〇五、二〇〇六

「人を見る目がなかったんだ、河野さんに」

こんなことを私に言ってくれるのは、ノヘさん（一戸弘利先生）だけかもしれない。

「先生だって、やつのこと可愛がってたじゃないですか?」

私も先生には遠慮なく言い返せる。

ノヘさんは北星余市高校を二〇〇一年三月に定年退職し、余市町の教育委員会に勤めていた。

ノヘさんは苦笑し、

「なんでこうなったの?」

「それを聞きにきたんですよ。何か知ってるかと思って」

ヨシイエが母校を去ってまもない、二〇〇五年の五月だった。

なぜヨシイエはやめたのか？

彼がブレイクするきっかけを作った私は、その事情を知っていると見込まれたのか、複数のメディアから取材依頼を受けた。

しかし、「本人の考えなので」あるいは「本人と学校の問題なので」とすべて断った。本音を言えば、「こっちが聞きたいぐらいだ！」と叫びたかった。私は当時、ほかの教師たちから詳しく事情を聞いていなかった。いや、聞く気になれなかったのだ。

正直に言うと、ヨシイエだけではなく、教師集団への失望と不信感が私の胸の奥に淀んでいた。「なぜヨシイエを特別扱いしてやらなかったのか？　一年ぐらい学校を休職させて、講演と執筆、メディアへの出演に専念させてやればいいじゃないか？」と思っていた。

金が入ってきて、家買って車買って、そのあげく税金が払えなくなりました……私はそんなヨシイエがどこか愛おしい。すでに退職していた目の前の一戸先生やガンさんや伊藤先生なら「バカだな、おまえは」と笑い飛ばし、「休職して、まずは金稼げ」と言ったのではないか？　あるいはその前に気づいたのではないか……。「小樽のビル買う？　税金大丈夫なのか？」と。

「うーん、どうだべな？　気づいたかな、俺？」と、ノヘさんは唸った。

二〇二四年になって聞いてみると、ヨシイエの懐事情を知っていた教師は小野澤先生ぐらいだった。

私が教師たちにすぐに事情を聞かなかった理由は、もう一つある。ガンさんの妻、岩本幸子さんが私にこう言ったのだ。

「『今年はカメラがいなくて、いい卒業式だった』って、先生方話してたわ」

ヨシイエが受け持ちの生徒を送り出した翌年の二〇〇四年、私が連続ドラマの仕事などで取材ができなかった代の卒業式だ。「勝手だよね」とも幸子さんは言ってくれた。後年、安河内先生も、そうした声があったことを認めた。ヨシイエの態度がそのころすでに尖ったものに変わりつつあり、彼を持ち上げるメディアへの嫌悪感がその正直な感想につながったのだろう。

卒業生たちも、ヨシイエと教師集団の間に生じた軋轢《あつれき》に戸惑い、傷ついていた。

兵庫県出身の鳥居真由子《とりいまゆこ》さん（41歳）は、ヨシイエが学校を退職する前からときどき相談を受けたという。

「『いろいろ中傷されてる』って。『なんなん、それは？　マジで腹立つなあ』ってヨシイエと一緒に怒ってたけど、若干自分にいいように言ってんやろな、っていうのは感じてたし。オノザワ（小野澤先生）に相談会とかで会ったときも、『まあいろいろな』って言葉濁すような感じやったから、『わかった。もう聞かんとく』って。でもまあ、『俺らの関係は変わらん。いつでも電話してこい』ってヨシイエ言うてたから。私としてはもちろん教師を続けてほしかったけど……」

ＴＢＳのドラマ「ヤンキー母校に帰る〜旅立ちの時　不良少年の夢」が二〇〇五年三月末に放送された。ドラマのエンディングで、ヨシイエが母校を退職したことが短くナレーションで伝えられた。

彼の退職はすでに報じられていたが、ドラマを見て初めて知った人も多かったようで、放送の翌日、学校には「本当にやめたんですか？」と確認の電話が相次いだという。

ヨシイエがやめるとわかっていたら、端《はな》からこの企画はなかった。連続ドラマの中で卒業が描かれなかったから、「義家先生のためにも卒業させてあげたいね」と企画されたのだ。一本のドラマを作り上げるために、スタッフキャスト数十人がとてつもない労力と時間を注ぎ込む。なのに、彼らの思いを容赦なく置き去りにして、バクダン貴公子はまっしぐら……。一戸先生が言うように、私は人を見る目がなかったのだろう。

横浜市の教育委員になったヨシイエに、私は二〇〇五年四月初旬、メールを送った。

《ヨシイエの門出を心から祝福する。ただ、俺の取材を受けなければよかったという言葉は取り消してほしい》

この二カ月前、ヨシイエの退職がメディアで報じられた二日後、彼から届いたメールにこうあった。

《大麻事件の時、「これからは撮影、入らないで下さい」と言ったことを貫いていれば、こんな日を迎えることもなかったかも知れません》

身勝手な言葉だと、私は感じた。序章に書いたとおり、彼はその大麻事件の翌年の番組でブレイクし、その年の大晦日には私にメールで感謝を伝えている。「こんな日」を迎えたのは私の取材のせいではないはずだ。

これに対して、ヨシイエは……、

《抱えようのない虚しさと、歩き続けなければという焦燥感と、したいことの情熱を感じながら生きています。これからも北星余市のこと見守って下さい。いろいろ聞いています。河野さんの言動も…。でも感謝しています。北星余市を救ってくれたこと…。俺もこれからは外からサポートしていきます。悲しいけれど…》。

私の言動が何を指すのか皆目わからないが、とにかくヨシイエは、母校から母港（ヨコハマ）へ針路を変えた。

その水先案内人に、二〇二四年四月、私は取材を申し込んだ。

中田宏氏（59歳）。当時の横浜市長で、取材依頼の時点では自民党所属の参議院議員を務めている。ヨシイエとは雑誌の対談で初めて会った（「週刊朝日」二〇〇四年一月三十日号「子どもに遠慮せず『大人よ、大志を抱け』」）。

「今日、義家さんに会った第一印象は『ちっちぇー』だったもんね」と語っていることで、初対面だとわかる。

なぜヨシイエを教育委員として迎えたのか？　彼はその肩書きで何をし、どんな成果を横浜市の教育界にもたらしたのか？　私はそんな質問をしたかった。

しかし、二週間経っても返信がない。氏の事務所に、再度連絡すると、

「今回の件でございますが、義家様が取材を受けたあとに中田がインタビューにお答えさせていただければ幸いでございます」。

「〇〇、そっちにやるぞ！」

私はヨシイエにずっと会っていない。そして、二〇二四年、彼は私からの取材依頼には応じなかった。

そのためこの章では、私がずっと交流のある、あるいはこの原稿を書くために久しぶりに連絡をとった卒業生、教師、ＰＴＡ関係者などの証言をもとに、義家氏の「北星余市退職後の十九年」を考えてみたい。

この間には、廃校問題も持ち上がった。義家氏が政治の世界で地位を築いていく一方で、ヨシイエが愛したはずの母校は危機に直面したのだ。

この問題に義家氏はどう動いたのか？　また、私自身が「ヨシイエ」と作品を守るために

「義家氏」に対して取ったささやかな抵抗についても書き留めておきたい。

喜一郎（仮名・41歳）は、二〇〇二年卒業。横ノリ同好会のメンバーだった。ヨシイエと裕美さんの結婚式にも出席している。

喜一郎自身の結婚式は、二〇〇三年八月だ。ヨシイエとは違ってホテルでの挙式ではない。会場は、学校。北星余市高校の体育館で、同窓生や数人の教師の祝福を受けた。新婦は二学年下の元生徒で、喜一郎の子を宿していた。彼は親子三人で暮らしていくため、入った大学を中退して働いていた。

「学校で結婚式やれば、金かかんねえぞ」と提案したのはヨシイエだった。式など端から諦めていた喜一郎は目を丸くした。

「そうだ、そうしろ。ここなら牧師だっているじゃん」

キリスト教主義の北星余市には、牧師の資格を持つ宗教主任の教師もいた。ヨシイエの発想と面倒見の良さに、私は感心した。感動的な結婚式の様子は、同年十月の全国放送「秋の大感動スペシャル　ヤンキー母校に生きる」の中にも構成した。

慕っていたヨシイエとの間に亀裂が入ったのは、喜一郎が二十三歳、二〇〇四年か二〇〇五年のことだという。

喜一郎は今、札幌市内で不動産の会社を経営しているが、結婚してからの十数年は布団の訪問販売をしていた。その会社に喜一郎より一年ほど遅れて、壮太（仮名）が入ってきた。北星余市の同期で横ノリの仲間でもある。

しかし、喜一郎によれば、壮太は営業の成績が一向に上がらず、上司の信頼も得ていなかったという。やがて「やめる、やめない」でトラブルになった。壮太には連絡がつかなかったので内情はわからないが、喜一郎のもとにヨシイエから電話が入った。

「壮太からどういうふうに聞いたのか、ボクが一方的に悪者にされて……」

壮太が望むようにさせてやれ、という電話だった。もし、そうならないなら……、

「〇〇、そっちにやるぞ！」

広域指定暴力団、〇〇の名前をヨシイエは口にした。その言葉に、喜一郎は大きなショックを受けた。

「ボクもダチの一人だと思ってたのに……」

しかも喜一郎には、〇〇という言葉と連動して脳裏に浮かぶ顔があった。ヨシイエの結婚式で会った彼の同期、てつじ（髙橋哲慈さん）だ。喜一郎はどういうわけか、会社員であるてつじを、筋者《すじもの》と勘違いしていたのだ。

てつじ本人に「式のときに冗談で口にしたのか？」と尋ねてみたが、「まったく記憶にない」と言う。誰かが喜一郎に「こいつは〇〇のおっかないやつだからな」とでも言ったのだろうか？　喜一郎もそのあたりの記憶は曖昧だが、ヨシイエの小樽のマンションでも一度てつじ

に会ったという。私が今回連絡するまでずっと、てつじを○○の人間だと信じ込んでいた。

トラブルがあった二〇〇四、二〇〇五年といえば、ヨシイエが「母校から母港」へ針路を変える転換期だ。前章でも触れたが、彼の心はざらついていた。また、壮太を守りたいという純粋な思いもあったのかもしれない。

しかし、どんな事情があるにせよ、広域指定暴力団の名前を出して教え子を恫喝したのが事実だとしたら、教育者としての適性に著しく欠けると言わざるをえない。

二〇〇五年、ヨシイエは対談も含めると七冊も本を出している。『ヤンボコ　母校 北星余市を去るまで』（文藝春秋）の中に、退職前の三学期、生活指導部長として薬物問題の対応に追われた旨の記述がある。だが、私が第三章で書いたとおり、ヨシイエは学校を休みがちになっていた。だから千葉先生が小樽のマンションに彼を訪ねたのだ。

一方で同著には、一年生の教室で三月二日「最後の通常授業を行なった」とも書かれている。描写が具体的なので、学校に再度確認した。

当時、社会科の教師はヨシイエを含め四人いたが全員退職している。出席簿の類も残っていない。得られた情報は「三学期は日数も少ないので授業は行なっていたようだ」「K先生が何度か代行したように記憶している」程度だった。授業に合わせて学校に来て、終わればすぐに帰っていたのだろうか？

一人だけ、ヨシイエの最後の授業を受けた当時の一年生に話を聞くことができた。

「クラス役員がヨシイエ先生に花束を渡していたのは覚えていますが、それが最後の授業のときだったのか、いつだったかは覚えていません。当時、出張だったのか、生徒指導だったのかは不明ですが、先生はとても忙しかったようで、授業が自習になることが多かったのは覚えています」

この年の十月、映画「不良少年の夢」が公開されている。余市町では前年の十一月、ヨシイエがまだ北星余市の教師だったころ、先行上映され、私が勤める北海道放送のニュースでも取材していた。その映像を見ると、ヨシイエ自身も来場者に挨拶をしている。

「映画を見てさまざまなことを思い出しました。感無量です」

「私の顔にモザイクをかけてほしい」

翌二〇〇六年六月、『どんな遠くにも　3年C組吉森学級～彼らの卒業式』（義家弘介監修、飯野陽子著、竹書房）という本が出た。連続ドラマ「ヤンキー母校に帰る」のノベライズだ。

出版の前、編集者から電話があり、私はこう言われた。

「『ヤンキー母校に帰る　俺の夢たち』というタイトルで出したい」と。TBSから私に確認を取るよう言われたそうだ。

私はすでに「ヤンキー」を消し去りたい気分になっていたし、学校とヨシイエ、どちらの側にも与したくなかった。何より、彼が退職したあとになってその本を出す意味がわからなかった。

「私としては協力できません」

タイトルがダメと言ったかどうかは覚えていないが、それよりはるかに重大な、企画に対する疑問ははっきりと伝えた。

同じころ、不思議な電話も入った。

「ヨシイエさんの代理でご連絡させていただきました」

男性の声だった。

「彼としては自分がいい去り方をしなかったことは自覚しているし、大いに反省もしています」と語る。

私は当然「もし、私に反省を伝えたいのなら、ヨシイエ本人から電話するよう伝えてください」くらいのことは言ったはずだが、その記憶も朧気だ。何を言いたいのか、なんのための電話なのか要領を得ず、「変な電話」という感想だけが大きく膨らみ、細かなやりとりを圧してしまった。ヨシイエはその当時事務所を作っていたはずだが、「事務所の者」とは言わず、「代理」という言葉を使った。それははっきりと覚えている。

ノベライズ本の電話と同時期だが、どっちが先だったかは不確かだ。だが、もし本の話のあとだったとしたら、憶測の域を出ないが、一つだけ理由が考えられる。

ヨシイエは「ヤンキー先生」の肩書きを自分が使いづらくなることを危惧したのではないか？

この言葉は私が商標登録しているものではない。彼は自由に使えると考えていた。

だが、結果として出版社は使うことを諦めた。ＴＢＳが、出発点であるドキュメンタリーを尊重してくれ、その制作者である私への確認を求めたからだ。

ヨシイエは代理の人間を通して、ノベライズ本に異議を唱えた私の、自分に対する拒否感のレベルを確認しておきたかったのではないか？

そのころ、ヨシイエは「ヤンキー先生」の愛称でテレビのコメンテーターも務めるようになっていた。公式サイト内の、有料の悩み相談やブログの名称などにも「ヤンキー先生」の文字が躍る。ノベライズのタイトルの件で、初めて私がＮＧを出した。彼にとっては予期せぬことだったのではないか？

繰り返すが、憶測の域を出ない。あのとき私に電話をしてきた代理の人に教えてもらいたいぐらいだ。

彼のホームページにはその後も長く、「ヤンキー」の文字が掲載され続けたはずだ。

同年十月。ヨシイエは、横浜市の教育委員の立場のまま、安倍晋三首相が内閣官房に設置した教育再生会議のメンバーに任命される。山谷えり子氏の担当室事務局長に次ぐ、室長のポストだ。

北海道放送の私の親しかった後輩が、当時、東京支社で記者をしていた。任命後まもないヨシイエを取材している。そのときヨシイエは上機嫌だったそうだ。

「河野さんはお元気ですか？　あの人はもっと評価されていい人だ、って、なんか上から目線で言ってましたよ」と後輩は笑っていた。

ヨシイエはこうも話したという。

「安達先生に困っているんですよ、今。『ヨシイエ君、あなた、それでいいの？』って、しつこく電話がかかってきて。俺にどうしろって言うんだ？」

講演をともにした師弟にも、亀裂が生じ始めていた。

ヨシイエが「俺の夢」と呼んだ元三年Ｃ組の女子から電話が入ったのは、このころだ。いきなりこう言われた。

「私の顔にモザイクかけてほしいんです」

二〇〇三年の末に発売されたドキュメンタリー「ヤンキー母校に帰る」のＤＶＤのことだ（すでに販売中止）。

販売元から「肖像権の問題があるので、画面に映っているすべての人物の許諾が文書で必要。許諾が取れない場合は顔がわからないよう映像処理をするように」と求められた。文書の発送などは局内の別のセクションが担うが、人物を一人一人特定し連絡先を調べることは私にしかできない。

制作者としては極力映像処理もしたくない。連続ドラマの準備に慌ただしい中、気が遠くなるような作業が私にのしかかった。ちなみにこのＤＶＤ発売にあたってヨシイエは当初、「商品化されることに抵抗がある。純粋なものがどんどん汚されていくような気がして」と言った。「この本（『不良少年の夢』）は売りたいから、連続ドラマにクレジットを入れろ」と迫った人物が、だ。さすがにすぐに折れたが。

モザイクの依頼をしてきた元教え子の女性は、「ヨシイエに対する見方が変わったので。もう尊敬もしていないし」と言った。

「同意書ももらっているので、今からＤＶＤを回収してモザイクをかけることはできない」と私は伝えた。

そのあと「そんなに売れていないから安心して」という変な言葉が自分の口を突いて出た。彼女が少し笑ったのを覚えている。こうも伝えた。

「ＤＶＤの回収は無理だけど、ヨシイエを主人公にした番組が再放送されることは永遠にない。ヨシイエが退職した時点で会社には話した」

ヨシイエから義家氏に——二〇〇七

第二章で少し触れた、よしじ（柴田能至さん）は、二〇〇七年六月、教育実習のため北星余市高校に帰っていた。

よしじは岐阜県出身。最初に入学したのは一九九八年だった。不登校だった大人しい生徒が学校では多数派になりつつあったが、よしじは新入生の中でただ一人、短ランにボンタン。絵に描いたようなビーバップ・スタイル。入学式のあとでクラス写真を撮るとき、担任の伊藤英博先生はよしじを自分の横に座らせ、その手を握っていた。人を射るような目をしたよしじが照れ笑いを見せた。

伊藤先生に勧められて柔道部に入ったよしじは、日を追うごとに明るくなった。短ランもやめた。学年の中で存在感を増していたが、家庭の事情で二学期に中退した。

二年後の二〇〇〇年、ヨシイエが担任を持った年に再び入学。二年生からはヨシイエのクラスになった。生徒会長に選ばれて、薬物問題とも向き合った。卒業前の生徒会行事「三年生を送る会」では「将来母校に帰ってきそうな人」と書かれた表彰状を後輩から贈られた。

しかし、本人はその可能性を否定した。

「こんな悪ガキたちのいる場所に帰ってくるわけがないでしょ」

五年間のドラマチックな高校生活だったが、よしじには卒業後さらに大きな物語があった。

地元、岐阜県の大学に入ったよしじは、深夜にバイクで走行中に転倒し、意識不明の重体に陥ったのだ。まるでヨシイエの物語をそのまま再現するかのような事態……ヨシイエは教師たちが折った千羽鶴と寄せ書きを持って岐阜に飛んだ。集中治療室に横たわる教え子に声をかけた。

「よしじ、わかるか？　ヨシイエだぞ」

その声に、よしじは初めて目を開けた。「医者もびっくりしてた」とヨシイエは私のインタビューに語った。

よしじは驚異的な回復力を見せて、一カ月で退院した。再び大学に通い始めたころ、私は岐阜を訪れた。よしじは言った。

「教師やってみるかな、って思い始めている」

母校での教育実習。社会福祉を専攻するよしじは、トランスジェンダーであることを公表したミュージシャン、中村中《あたる》さんの人物像と曲の世界を紹介した。

「抱えている傷や痛みも含めて一人一人を認める。すべての人に基本的人権がある。北星余市の教育と福祉には通じるものがある」と、後輩たちに語った。

このとき、どこかのテレビ局が取材に来ていたそうだ。ヨシイエをテーマにした企画で、「ヤンキー先生」の教え子が母校で教育実習をする姿を撮るのが目的だった。

ところが、数日後、放送中止の連絡が局から入ったという。

「『ヨシイエが選挙に出るから』って……。いいんだよ、別にテレビに出るために教育実習に行ったわけじゃないから。でも、何さ、出馬って?」

ヨシイエのホームページに上がった出馬表明文は「義家組のみんな」という呼びかけで始まっていた。以下は、私の曖昧な記憶だ。「週の半ば、俺の突然の出馬表明に驚いているかもしれない」「俺はみんなの声を届けるために国会を目指す」などと語っていたはずだ。最後は以下のように締めていた。

「私は事態を嘆いているだけの徒にならない」「傍観しているだけの徒にならない」……正確ではないが「〇〇の徒にならない」を、六つ、七つ、連発していた。観念的な言葉は消えやすい。それでも、結びの言葉だけははっきりと記憶にある。

「すべては恩返しのために」

彼に具体的な恩を与えた余市の人たちは、この言葉に何を思っただろう?

しかも一九九九年の余市町の町議選では共産党の選挙カーに乗っていたのに、自民党比例区での出馬だった。

当時「消えた年金問題」などで安倍晋三政権に逆風が吹く中、ヨシイエは自民党の有名人候補として担がれたのだ。

彼の突然の出馬に大慌てした人たちもいた。ヨシイエはこのとき、法務省が約八百四十万円をかけて制作した「社会を明るくする運動」のPR用ビデオに出演していた。この前年、法務省の担当者は彼にビデオ出演を打診した際、出馬する意思がないことを確認してあった。彼の出馬後、法務省は特定の政党を応援しているとの誤解を招かないよう、すでに配布した全国の保護司会などに、ビデオの使用自粛を求めることとなった。

恩師の俊子先生は七月三日、「ビバハウス」のホームページに「ビバハウス便り　臨時号」として、ヨシイエの出馬についてコメントを掲載した。

「義家弘介さん、今回のあなたの自民党からの参院選候補としての出馬に対して、これまであなたを心から支援し、これからのあなたの活動に大きな期待を掛けていただいた多くの方々から、私の見解を求められましたので、私の率直な気持ちをお伝えいたします。（略）

大企業の利益ばかりを優先し、若者たちに無権利の、低賃金、長時間の過酷な労働条件を押し付けている現代の日本社会の責任は政権政党である自民党が負うべきものです。（略）

あなたが『教育再生会議』の委員に就任するとの報道を聞いたときには、私は夫とともにあなたにお電話をし、『あなたの大切な息子さんのためにも、これからの日本の教育のあり方を曇らすようなことだけはしないでほしい』とお願いしました。残念ながら、この会議から出てきた答申は、どれひとつとして私たちが諸手をあげて歓迎できることではありませんでした。

教育にとって私が一番大切なものだと信じている、北星余市ではこれが完全に保障されたからこそあなた方に私が全力で取り組めた、教師一人ひとりの主体性、創造性を発揮させる方向とは全く逆行する提言ばかりで、本当にがっかりしました。（略）あなたを信じ、あなたによって、生きる喜びを与えられた全国の若者たちに、本当に応える道は何なのかを、賢明なあなたは必ず見出してくれることを、私は今でも信じています」

ヨシイエの選挙活動には、卒業生たちも駆り出された。札幌の繁華街すすきのでの行進とビラ配りには、担任をした学年より一期上のダチ世代が加わった。

「同期の誰かに誘われて、仕事が終わってから幸平と一緒に行きました」

そう話すのは、札幌の建設会社が実家の青山真大《あおやままさひろ》さん（40歳）だ。

そこで働く幸平は、ヨシイエが妻の裕美さんにビンタを張る車内に、私と一緒に乗っていた卒業生だ。青山さんは「俺ら二人とも体ガッチリしてるのに、着いたのが最後のほうだったから選挙用のTシャツ、ちっちゃいのしか残ってなくて、ピチピチで着るのに苦労したことしか覚えていないですね」と笑う。

大阪の梅田での選挙活動には、青山さんらの一期上、先述の鳥居真由子さんが協力した。

「ヨシイエが『頼む』って電話で言うてきて。『しゃあないなあ、手伝うたるわ』って」

ビラ配りのほか「何しゃべったか緊張して覚えてへんけど」選挙カーの上で応援演説もした

そうだ。ヨシイエの出馬自体には、さほどの驚きはなかったという。

「北星やめるときも、『一つの学校におっても日本の教育は変えられへん』みたいな話はしてたんで」

ここからはヨシイエではなく、義家（弘介）氏という表記が多くなる。

七月二十九日。義家弘介氏は「ヤンキー先生」の知名度を生かして当選を果たし、政治家となった。

北海道放送の後輩から「おめでとうございます」と声をかけられて、私はどう応えていいかわからなかった。ジャーナリズムの一翼を担う者でも、彼の変質に鈍感なのだ。選挙民の中にはイメージだけで投票した人も多かったと思う（それが彼を担いだ人たちの狙いなのだから当然だ）。

義家氏の変質を痛快なまでに笑い飛ばす人物がいた。北星余市の同級生、てつじ（高橋哲慈さん）だ。

義理とスジ――二〇〇八〜二〇一〇

「ヨシイエ、高校も大学もキリスト教でさ、洗礼受けるとか受けたとか言ってたくせに、瀬戸内寂聴さんと対談して、俺は仏教にハマった、仏教は深い、って言い出して。安倍さんに担がれてからは、俺は神道だ、って。うちの母さんに頭たたかれてたよ、おまえにはポリシーってものはねえのかよ、って」

てつじは、今は勤務先のある札幌で暮らすが、長く小樽の実家から通っていた。ヨシイエはコンビニエンスストアをしているてつじの実家をときどき訪ねてきたので、彼の母親とも親しかった。

てつじは中学時代、小樽の番長だった。周辺の町に遠征して、その町のケンカ自慢を打ち負かしていた。母親はそんなことはつゆ知らず、てつじが剣道の腕前を買われて札幌のスポーツエリート校への推薦入学が決まったときは大いに喜んだ。だが、ケンカ歴が中学にバレて、推薦は取り消し。母子ともに悲嘆にくれていたころ、当時近所に住んでいたガンさんが「うちの学校に来い」と声をかけた。

北星余市での三年間、ずっとガンさんが担任だった。そのときの恩義があるから、てつじはガンさんのクラス運営に協力した。すぐキレる古川（仮名）という生徒の手綱を引っぱる係や、前にいた進学校では保健室にしかいられなかった暗い表情の女子生徒をジョークで笑わせる役を引き受けた。

当時の学校は、今とは違ってツッパリ全盛期。元暴走族のリーダーなど、全国から猛者《もさ》が集まっていた。だが、てつじに向かってくる人間は誰もいなかった。ヨシイエも「誰が一番強いかって、見ればわかるじゃないですか」と私に語っていた。「でもあいつ、卒業生には『てつじに勝った』って言ってるみたい」とてつじは笑う。

一九九八年四月、TBS系「JNN報道特集」で北星余市高校の特集が一時間全枠を使って放送された。学校が中退者を受け入れて十年に当たる年で、てつじと同期の卒業生が二人出ていた。担任だったガンさんも脳内出血で倒れる少し前で、教育論をいきいきと語っていた。

放送が終わってわずか十分後、てつじから電話があった。

「いやあ、良かったわ」

当時てつじは高速道路を建設する会社に勤務し、現場のある東京で暮らしていた。そのときは会えなかったが、仕事に頑張っていることを知って、電話をもらった喜びは倍増した。

後年、私の作る北星余市の番組が深夜の時間帯に追いやられてからも、こちらからは知らせていないのにてつじはリアルタイムで視聴してくれた。夜中の三時に「見たよ」と連絡をくれたことがある。

二〇〇五年二月、ヨシイエが母校を退職すると報じられた日にも、てつじから電話があった。

「河野さんはやめるって聞いてたの?」

「いや、ニュースで知った」

「それはアイツいかんわ、無礼すぎる。スジが通ってないわ」

てつじは義理とスジを重んじる。

数えるほどしか会っていない義家氏の教え子（ダチ）の結婚式に出るため、横浜まで飛んだこともある。

「招待してくれたなら行く」

それが、てつじの流儀だ。新郎は二〇〇二年に北星余市を卒業した史也（仮名）。小樽商科大学に入り、一時期、義家氏のマンションの二階に暮らしていた。大学を卒業後は、文部科学省に入った。今は教師になっている。

史也の結婚式の前日、てつじは東京・永田町、議員会館内にある義家氏の事務所で、氏が公務から戻ってくるのを待っていたそうだ。部屋でタバコを吹かしていたら、ドアの外で人の声がした。「義家君」と入ってきたのは、森喜朗元総理だった。秘書は義家氏が不在であることを伝えたのだが、森氏の耳には入らなかったようだ。てつじを一瞥した森氏は「君、タバコなんてやめなさい」と言って出て行ったそうだ。

てつじはその晩、義家氏と鍋を食べた。麻生太郎氏が一緒だったという。

結婚式当日。義家氏は少し遅れてきた。

「天皇誕生日で、その関係の集まりがあったらしくて、そこでもらった金杯を史也にプレゼントしてたわ」

参議院議員になった当初、義家氏は秘書に困っていた。数人の秘書がいたが、世話になった芸能事務所から預かった男性秘書に義家氏は手を焼いていた。てつじに電話で愚痴をこぼしたことがある。

「『秘書にブチ切れて、事務所の机壊しちゃった』って言ってたよ。小泉チルドレンにも机壊した北海道出身の議員がいたそうだけど、そいつ以来だって」

義家氏から秘書になってほしいと頼まれた話は序章で触れたが、てつじは断った。その理由は、親友のしんちゃん（高橋慎一さん）の生活を立て直すためでもあったが、

「ヤンキーブームなんて長く続くわけないしょ。ヨシイエには、政治家やめてから仕事がなかったら、俺がどっかの現場で使ってやる、って言ったんだ」

自民党政権は、安倍氏が健康不良を理由に退陣。続く福田康夫氏も一年で辞職。「私は投げない」と宣言したはずの麻生太郎氏も同じく一年で内閣総辞職した。

二〇〇九年、自民党は野に下り、政権が交代。民主党の鳩山由紀夫政権が発足した。

義家氏の政治生命も六年で終わる……てつじの読みどおりになる……はずだった。

二〇一〇年八月八日、日曜日。義家氏に誘われて、てつじと一期下の隆二は、札幌のすすきのにある埃っぽいビルに足を踏み入れた。

そこは「地下格闘技」の会場だった。義家氏がゲストとして招かれていた。てつじは述懐する。

「北海道のワルって言ったらヤンキー先生だ、呼ぼう、ってなったんでない？　ヨシイエ、招待受けたけどビビったんでないかな。それで俺と隆二が呼ばれたんだ。会場でチンピラにどつかれたりしたとき、俺らいたら、なんとかなるでしょ」

東京の「モッツ出版」の高須基仁《たかすもとじ》氏（二〇一九年死去）が関わったイベントだ。「ヘアヌードの仕掛け人」の異名をとるが、当時、地下格闘技の開催に力を入れていた。親交のある田代まさし氏がリングアナを務めた。

「俺の席の前にマーシー（田代まさし氏）と女の人が座ってた。植物系の臭いがプンプンしてさ、隆二と顔見合わせたんだ。『覚せい剤だな、これ』って」

田代まさし氏は、翌九月半ば、横浜市内の駐車場でコカインを所持、一緒にいた女性も覚せい剤の所持で、ともに現行犯逮捕された。女性は地下格闘技の会場で田代氏の隣にいた人物だった。隆二は「氣志團のボーカルも来てましたよ」と言う。

会場には地元の暴力団（のちに山口組に吸収）の構成員もいた。てつじは「札幌で有名なヤクザが一人来てて、ヨシイエに『彼はふつうの勧め人みたいな顔してるけどホンモノだから、あとで何か言ってきてもつきあうな』って伝えたんだ」。

てつじによれば、試合開始前に義家氏が紹介されると会場から拍手が起き、氏は手を上げてそれに応えていたそうだ。イベント終了後、隆二が経営していたラーメン店で夕食を取った。

「あいつ、参議院議員でしょ。比例もあるから、俺らに一円も、缶コーヒー一つ、奢れないのさ、選挙違反になっちゃうから。ラーメン代は俺が出した」

義家氏の事務所に、地下格闘技イベントに招かれた経緯を尋ねたが、回答はなかった。てつじには暴力団が取り仕切るイベントに見えたそうだが、そこを追及する気は私にはない。内閣総理大臣主催の「桜を見る会」にだって暴力団員が招かれていたのだ。それにくらべればインパクトはないに等しい。

むしろ私には「政治家と地下格闘技」という取り合わせが興味深い。シュールにさえ感じられる。光と闇？ 闇と闇？ 熱と熱？ どれもストンと落ちない。この不可解さがシュールだ。なぜ義家氏はこのイベントに足を運んだのだろう？


二〇一〇年当時、義家氏の置かれた状況、取った行動を調べてみた。

そのころ彼は、野党となった自民党内で「ネクストジャパン教育・人材育成・文化・スポーツ担当」の肩書きだった。民主党に奪われた政権を取り戻すべく、四月二十三日には、谷垣禎一総裁らと、東京の有楽町で「全国マニフェスト遊説」の第一声を上げている。「スポーツ担当」だから地下格闘技イベントにも行った？ ……ピンとこない。

義家氏はこの年の六月、統一教会の関連組織「世界戦略総合研究所」の定例会で講師を務めている。自民党が二〇二二年にその事実を公表した。氏は「旧統一教会関連団体と関わりのある人だとは、当時知る由もありませんでした」とコメントしている。

私はこの本を書くにあたって、義家氏の後援会長に取材依頼をした。いったんは承諾を得たが、「筆者（私）の素性を知りたい」と言われて、メールで「略歴」を送ったところ、取材NGとなった。

その恨み言を書きたいわけではない。この後援会長のように何か依頼があれば、その相手の「素性」を知りたくなるのが当然だ、と言いたいのだ。政治家であるならば、自分を招くのは誰なのか気になって当たり前なのだが……。

義家氏はそのころ、政治家としての生存競争を勝ち抜くのに必死だったのだろう。タレント議員で終わりたくなかった。ヤンキー層にアピールできるなら、少々危険なイベントにも出向く。票につながるなら、問題のある団体とも関係を深める。

義家氏はこの時期、急速に右傾化していくのだが、それは議員として生き残るための方策だったのだろうか？

義家氏はこの年、マニフェストともいえるような著書を出版する。『ヤンキー最終戦争　本当の敵は日教組だった』（産経新聞出版、二〇一〇年六月）。

「安倍総理は教育再生会議を立ち上げ、日教組の教育支配に真っ向から戦う姿勢を示し、二〇〇六年一二月には念願の教育基本法改正を実現、教育の眼目として『愛国心』を盛り込んだ。教育再生会議の室長に任命された私は、安倍総理と共に必死で教育再生のために戦った」

軍艦マーチが聞こえてきそうな記述だ。

では、教師のヨシイエはどう言っていたか？　二〇〇三年に収録したインタビューから抜粋する。取材テープに記録された彼の言葉は、一部は放送され、一部はドキュメンタリーＤＶＤの映像特典「義家弘介の教育論」に収められている。

取材テープの中、私はヨシイエにこう質問している。

「もし自分が文科省の地位のある立場にいるとしたら、どんな教育をしたいですか？」

「まず、教育基本法は変えないですね」

ヨシイエはきっぱりと答えた。そして、当時政府が新たな教育基本法に盛り込もうとしていた「道徳教育」について持論を展開した。

「道徳の時間がなくなった、これ問題だ、とかいろいろ言ってるけど、道徳の時間なんかより担任が一緒にいる時間を増やしゃあいいんですよ。教師と子どもが分け合う時間を。みんなが勘違いしてる」

人を大切に思う心は教科書で与えられるものではない。さまざまな考えを持つ人たちと同じ時間を共有し、ぶつかったり怒ったり泣いたりを繰り返す中で、実体を伴って養われていくものだ。私はヨシイエの言葉に共感した。

「弱いものは切り捨てろ、ってこれも大人たちが作ってる社会の現実ですからね。銀行や歴史のあるでっかい会社には税金いっぱい投入しても、中小企業に税金なんて投入しないわけでしょ。それ現実にイジメじゃないですか。そういうイジメが目の前にあるのに、イジメはよくない！　そんなので生徒が言うこと聞くわけない。なぜよくないか、ってことを体張って（現場の教師が）伝えていくしか（生徒は）変わりようがない」

教育基本法が改まったのは安倍晋三内閣の時代だが、その法案自体はすでに小泉純一郎内閣で閣議決定されていた。

ヨシイエは小泉氏を「天狗みたいな顔しやがって」とこき下ろし、その政策にも手厳しかった。二〇〇三年のイラク戦争については、

「空爆が始まるって言ったら日本は賛成、それまで明言を避けてたくせに。風見鶏というか、ずるい。アメリカだって多数決したら反戦になるんですよ。アメリカとのこれからのつきあいが（もっとも重要）って、それブッシュのこと言ってるのか？　アメリカを構成してるのは市民なわけでしょ？　日本を構成してるのも国民でしょ？　ブッシュとのつながりが悪くなったっていいじゃないか、ねえ？」。

当時、北星余市高校の生徒会がイラク戦争に反対する署名を国会に送ろうと、活動を始めていた。ヨシイエはそれをほめたたえている。

こちらはインタビューではなく、同じ二〇〇三年の政治経済の授業の中での言葉だ。

「今回のイラク戦争、日本で国民投票やってみ。やめろよ、無益な戦い（という声が大半）。（でも）現実には声を上げる人が少ない。（北星余市の）生徒会すげえぞ。平和活動する、って。

生徒会が平和について取り組む。戦争くそくらえ、って。今、国会でおっさんたちが審議している、俺たちの雲の上のところで。それに対して、もし若者の声が届いたら政治は変わる。俺はびびった、すげえな、この生徒会は。その辺の勉強だけできるエリートたちよりよっぽど」

二〇一〇年、日教組を敵視する義家氏の話に戻る。

この年、自民党ネットサポーターズクラブが設立され、義家氏はネットメディア局次長に就任した。六月九日の設立総会。「ヤンキー先生から一言ご挨拶もらいます」と司会にふられて、彼は熱弁をふるった。

「私は教育分野を責任者としてやらせていただいていますが、なんとしてでも子どもたちを解放してあげるために、まともな教師たちを解放するために、日教組、民主党との戦いをゆるめるわけにはいきません。どうか皆さん、お力をお貸しください」

このころ、ノヘさん（一戸弘利先生）がテレビの国会中継を見ていると、義家氏が登場した。

「職員室から学校の電話を使って出前を取ってる教師がいる。こんなの許していいんですか！」

「おまえだってやったべ！　って」

ノヘさんはテレビの中の義家氏に、そうツッコミを入れた。

「俺はこういうのイヤなんだ。仲間を売るというか、自分を棚に上げるというか、スジとして嫌だ」

ノへさんもてつじ同様、義理とスジの人だ。

両者の「境界線」——二〇一一〜二〇一三

私の知るヨシイエはもういない。自民党の集まりやメディアで「ヤンキー先生」と紹介されている人は、私が描いた「ヤンキー先生」とは別人だ。

それならば、私にできること、しなければならないことは、一つしかない。

「ヨシイエ」と「義家氏」の間に、境界線を書くことだ。できるだけ濃く、できるだけ太く。

私はささやかだが、ある行動を起こすことにした。


二〇一一年三月十一日。東日本大震災は、日本の政界にも激震をもたらした。

未曾有の災害に、民主党政権は混乱。逆に自民党は勢力を盛り返す。

翌二〇一二年。五年前に政権を投げ出した安倍晋三氏が、再び自民党総裁の座につく。十二月に行なわれた総選挙で自民党は圧勝。このとき、参議院から衆議院に鞍替えした義家氏も、神奈川十六区で当選を果たした。第二次安倍政権が発足すると、氏は文部科学大臣政務官に任命される。義家氏の出世はないと思っていたてつじも、震災までは予想できなかった。

二〇一三年二月。私は「早くしなければ」と思いながらも、忙しくて取りかかれなかった課題と向き合った。予期せぬ政界の変化が起こった。これ以上、先送りはできない……境界線を引かなくては。

義家氏のホームページには「ヤンキー母校に帰る」のドキュメンタリーと連続ドラマ、その後の単発ドラマ「ヤンキー母校に帰る～旅立ちの時　不良少年の夢」のＤＶＤジャケットが掲載されていた。単発ドラマのジャケットは「嵐」の櫻井翔さんの顔が大写しになったものだ。「たかがＤＶＤジャケット」で済まされる問題ではないと私は思っていた。

義家氏は権力の階段をのぼるとともに、タカ派色を強めた。ヨシイエの言動とは逆の方向に、猛スピードで向かっている。削除を求めなければ、多くの人にヨシイエ＝義家氏という誤解を与えてしまう。ドキュメンタリーもドラマも、高い視聴率を記録した。ドキュメンタリーの取材を受けてくれたヨシイエ以外の人たちはもちろん、ドラマの出演者やスタッフの中にも、彼の変貌を快く思わない人がいるかもしれない。

義家氏に対しても、「みんなが愛したヨシイエを利用しないでほしい」と伝えたかった。

私は、思想の問題を論じているのではない。右だろうが左だろうが、どちらでもいい。イデオロギーも党派も関係ない。

スジ、だ。てつじや一戸先生が重んじるスジ。この一点に尽きる。

今の自分が本当に正しいと信じるならば、その信念と対極にあった過去の自分とは潔く決別するのがスジというものだろう。

「私はかつてドキュメンタリーに描かれ、ドラマのモデルにもなったのだ」というおいしいイメージだけいつまでも手放さないのは狡猾で卑しくはないか、と義家氏に質したかった。

私は、北星余市高校の校長になっていた安河内敏先生、TBSのドラマプロデューサーとも相談したうえで、義家氏の事務所に対して次のようなメールを送った。

《母校を退職した後の義家氏の言動は、在職時のそれとは大きく変貌し、北星余市の教師集団のみならず、番組の制作に当たった私どもを驚かせました。それはドラマの世界観とも相反するものでした。そのことについては、これまで弁明を含む一切の発言を差し控えてきました。しかし氏が政務官となり、今後ますますドラマの世界観とは異なる教育論を流布していくことが想定される今、制作者としては何よりも「自分たちが描いた世界を守りたい」と意志を固めました。氏が未だに「ヤンキー先生」と呼ばれることで、その言動と私どもの番組理念を同一のものと誤解する人は少なくありません。こうした誤解を少しでも払拭したいと思ったのです。作品に込めた私どもの願いを斟酌いただき、速やかな対応をお願いします》

義家氏のホームページ上に掲載されていた、前述の番組DVD画像の削除を求めた。

「お願いします」と書いたとおり、これは強制できるものではない。DVDは一般に売られている販売物であり、そのジャケットをホームページなどで掲載することは、著作権法上は、問題はない。

それでも、義家氏の事務所はホームページから、番組ＤＶＤのジャケットを削除した。その対応に、私は感謝を伝えた。

ヨシイエと義家氏、双方が「恩師」と呼ぶ安達俊子先生にも、そうすることは事前に伝えてあった。「ジャーナリストの良心を感じます」とまで言ってくれた。

ガンさんが亡くなった

時は少し遡るが、私は政治家になった義家氏と一度だけ電話で話をした。氏が衆議院選挙で当選するちょうど一年前、二〇一一年十二月だ。

私は仕事で網走にいた。夜、市内のスナックで、早苗と会った。ヨシイエの「夢」の一人だ。小樽の天ぷら屋でヨシイエが「不愉快だ」と席を立ったあと、彼は「早苗の店に行く」と言ったが、早苗は当時、小樽の短大生。卒業後、地元の網走に帰り、信用金庫で働いていた。

「ちょっと、ごめんね」

早苗はそう言うと、どこかに電話をかけた。

「あ、もしもし、私。ちょっと待ってて」

彼女が「ハイ」と私に携帯を渡し、自分はトイレに向かった。そういうことか……それまで彼の話題など出なかったのに。私は明るく「河野です」と受話器に言った。

「コウノさん……」

義家氏の声は戸惑っていた。時間にして五、六分。私たちは取り留めもない話をした。

「いやあ、頑張りますよ」

頑張らないでほしい、とは私も言えない。

「頑張れ、じゃあな」

早苗は小樽でヨシイエから話を聞いて、胸を痛めていたのだろう。

この二年後、早苗が義家氏の秘書になると聞いた。学校にも挨拶に来たそうだ。だが、公設第一秘書のしんちゃん（高橋慎一さん）に後日聞いたところ、早苗は氏の事務所に一日も来なかったという。心配で何度か電話をしたが、早苗にはつながらなかった。今もつながらない。


二〇一二年一月、義家氏が衆議院議員になった翌月。ガンさんが亡くなった。

余市町内の葬儀会場には、てつじのほかさまざまな代の卒業生が姿を見せた。義家氏から届いた大きな花輪が飾られてあった。

ガンさんが亡くなった一月二十日、義家氏はブログにガンさんのことを綴っている。

この四年前、氏がテレビ番組の取材で余市を訪れた際、車で通りかかったガンさんの妻、岩本幸子さんに声をかけられたこと、車内にいたガンさんが「ヨシイエ、（北星余市に）戻ってこい」と言ったこと……これは私も幸子さんから聞いていていた。

一方で、後日ブログを読んだ幸子さんがため息をつく記述もあった。

「(ガンさんが倒れたあと) 俺たちはみんなで連絡を取り合った。俺たちの頑張りが、少しでもガンさんへのエールになれば、と話し合った」

「入院している病院に何度も行った。調子のいい時は、会話や筆談も出来た。母校に帰ってきたことを、顔をくちゃくちゃにして喜んでくれた」

入院したガンさんとヨシイエの関係については第二章に書いたとおりだ。

ブログの目的が自己宣伝であるのも、それを読むのが氏の支持者であるのも承知のことだが、「仲間うちしか読まないのだから、事実に反することを書いていい」というのは通らない。

「ピンハネ？　俺が？」

義家氏のことを、てつじはこう評した。

「昔から話コロコロ変わるやつだったから。嘘しゃべってるうちに真実になる男だから」

てつじとは毎年のように会っているのに、彼が義家氏のことをどう思っているのか、ちゃんと聞いたことがなかった（そうする必要もなかった）。少し気恥ずかしい不思議な気分だったが、二〇二四年五月、てつじの「義家」像を聞いた。

てつじも小樽のあの天ぷら屋に義家氏と行ったことがあるそうだ。話の中味を聞いて驚いた。

「もういい年になったから言うけどさ、河野さんが金をピンハネしたって、もっと入るはずだった金をピンハネされた、それで河野さんと仲が悪くなった、って」

「ピンハネ？　俺が？」

「俺もまともに聞いてたらバカになると思ったから、『えーそうなの？』って話合わそうとしたんだけど、『取られた取られた』って何度も言うからさ。俺は金盗んだやつ何人も知ってるけど、博打でおかしくなったとか、恐ろしく借金抱えてるとか、それ以外でおまえの言ってる金額盗んだとしたら、絶対に生活が派手になってるはずだから違う、って」

「取引相手でも、事務所の人間でもないし、取りようが……」

「たぶん恥ずかしい部分を知られたくないんでしょ、俺はそう理解してる。真相を暴くまでもなく嘘でしょ。そんなのありえないよ」

「うん」

「いやあ、俺、本当にイヤなのは、世話になった人に足向けて寝られないって言うんだったら、『こいつ、いいやつだな』って思うけど、わけわかんないこと言い出すから。でもさ、本当は何あったの？　物別れした、って。俺、河野さんからは聞いたことなかったな、って」

逆に質問されて、愛星寮の昇の車の件と、中村小太郎さんの「夢は逃げない」の話をした（前者はてつじも聞いていた）。

「それだけ？」

「うん、ほかには思い当たらない。そのあと会ってもいないしね」

天ぷら屋の話から始まったので、そのときはそう言った。だが、後日ふと、DVDのジャケットのことで文句を言っているのか？　……と思った。ピンハネとは直結しないが、ずっと掲載されていれば彼にとってはありがたかったはずだ。

しかし、この件では、ドラマを制作したTBSは再放送やネット配信ができなくなった。通常なら得られたはずの利益が得られなくなったのだ。

北海道放送でも彼を描いたドキュメンタリー作品はすべて「複数の関係者の強い要望により再使用厳禁」と注意書きが入れられて、永遠の眠りについている。視聴者に誤解を与えないために、また北星余市の意向を汲んで、そうせざるをえなかった。

「飲もうよ、また。昔に戻ろうよ」とてつじが言った。

てつじやヨシイエ、卒業生たちと飲んでいた時代を思い出す。ある日の飲み会では、乾杯をしたあと、てつじが「あれ、ヨシイエいないなあ？」とキョロキョロあたりを見回した。ヨシイエはてつじの隣にいる。「あ、小さくて見えなかったわ」、ヨシイエが「ふざけんな」と怒る。ドッとみんなが笑う。あのころに戻れたら……と少しセンチな気分になる。

「俺はいいけど、彼はどうかな？　ピンハネされたってことで終わらせといたほうがいいんじゃないかな」

「偉くなったっていってても叩けばホコリが出るから、週刊誌にマークされたこともあるみたいよ」

二〇二四年、私もある卒業生から聞いた。某有名週刊誌の記者に、何年か前、月島のもんじゃ焼きの店で義家氏のことをあれこれ聞かれたそうだ。彼が記者に話した内容を私も確認したが、ボツになったのか、それらしい記事は見つからなかった。

「みんな、過去持ってるから……どうしようもない、恥ずかしい、消せない、過去」

てつじはときどき名曲の歌詞のような詩的な台詞を吐く。

「一回落ちれば、自分が何者か知るんじゃないか」

落ちれば、が選挙のことを指すのか、人生の転落を意味しているのか、尋ねなかった。政治家にとっては同義なのだろうか？　選挙に勝つことが転落を意味するケースはないのだろうか？

「俺はどっちかっていったら、河野さん側だから」

私は心の中でてつじにひれ伏す。

「ちょっと無礼すぎる、俺らの嫌いな義理事を欠いてしまうタイプ」

どこまでもてつじは、義理とスジの人だ。

廃校阻止——二〇一四～二〇一九

「とうとう一学年二クラスになっちゃいました」

安河内敏校長はそう言うと、ビールのジョッキに口をつけた。私たちはＪＲ札幌駅に近いビルの中の飲食店にいた。二〇一四年の夏だった。

私は北星余市の取材を十一年休んでいた。取材をやめて十一年経ったというべきかもしれない。この間も親しい教師や学生寮は訪ねていたので、学校の窮状は耳にしていた。

少子化が進む中、経営母体である北星学園の理事会では、二〇〇七年から「余市高の赤字問題」について本格的に議論が交わされるようになった。学園全体の経営も楽ではない。運営する七校のうち黒字なのは大学だけだった。

北星余市は学園に対して「一クラス三十人、一学年三クラスで九十人、生徒総数二百七十人を維持する」と具体的な目標値を示して、存続を要望し続けた。

しかし、二〇〇七年こそ九十人の入学者を確保したが、その後は、八十人、七十人と減り、二〇一一年には六十人台に落ち込んでいた。

そういう状況ではあったが、その夜、久しぶりに会った安河内先生は、明朗快活な以前と変わらぬ先生だった。

「とにかく頑張りますよ」

懐かしい卒業生の近況を肴に、私たちはジョッキを空けていった。

翌二〇一五年六月。私はスタッフと一緒に北星余市高校の門をくぐった。校長室に挨拶に行くと、安河内先生は「あ、どうも」と一瞥しただけでパソコンの手を休めなかった。久しぶりの取材を喜んでもらえると思っていた私は、先生の素っ気ない対応に拍子抜けした。少し遅れて、胸の中がざわざわしてきた。

「もしかして、遅かったか？」

この年の入学者はわずか四十一人だった。多い年には六百人を超えた生徒総数は百六十人にまで落ち込んだ。無人の教室に使われなくなった椅子が積み上げられている。

九月の学園祭の開会式で、安河内先生は着ぐるみ姿で「プリキュア」を踊った。生徒会のメンバー、そして五歳の長女が一緒だった。踊り終えた先生が、長女と手をつないで「いい思い出ができました」と挨拶した。私には「最後の思い出」と聞こえた気がした。

「廃校の方針が決まったのだな……」

二〇一五年十二月。「北星余市高校が閉校を検討」と新聞二紙が大きく報じた。理事会の方針は次のようなものだ。翌二〇一六年の入学者が九十人に達しない場合は、次の年度の生徒募集は行なわない。その生徒たちが卒業する二〇一九年で閉校する。

記事が出たのは二学期の終業式の日だった。学校の経営が危機的な状況にあることを、教師からではなく報道で知ることとなった生徒たちに、安河内校長は声を詰まらせながら語った。

「なんとかこの学校が存続するように頑張っていきたいと思いますので……一緒に、ずっと……頑張っていきましょう」

「元気出して」「私の妹も来年入ってくるから」

校長は生徒たちに励まされていた。

生徒が減った背景に触れておく。少子化に加えて、通信制や単位制高校の広まりはもちろんある。しかし、安河内校長は「今、貧困の問題が大きくなってきてですね。行かせるお金がない。ここ数年、加速度的に厳しくなっている気がします」と語った。

北星余市高校の生徒は、九割が余市町内に下宿しているが、その下宿代と授業料で月に十万円近くかかる。子どもの入学先を探す親たちが、北星余市を選ぶのをためらう理由だ。今、子どもを通わせている親たちにも余裕はない。四分の一が、母子家庭など所得の低い「非課税世帯」だ。この前年、北星余市は非課税世帯の生徒の入学金免除に踏み切った。下宿代の半額程度をまかなえる奨学金もある。それでも、不登校の子どもを呼び込むことが難しくなっていた。

二学期の終業式のあと、安河内先生は一人の生徒を校長室に呼んだ。一年生のビアン（小林《こばやし》毘鞍《びあん》さん・当時19歳）。北星余市の生徒会長だ。

ビアンは、兵庫県の高校を中退後、事件を起こして保護観察処分を受けた。母親が「アンタ、この高校行き。保護司さんに私、話するわ」と手渡したのが、連続ドラマ「ヤンキー母校に帰る」のDVDだった。渋々入学したビアンは、一年生のとき、担任の先生に「おまえの家、燃やしたろか！」と暴言を吐いて謹慎処分を受けた。それでもビアンには、ある才能があった。

「ラップを作ってほしい。『生徒から見た北星余市高校』をテーマに」

安河内校長はビアンに、そう頼んだ。報道の影響で、来春の入学希望者はさらに減ると予想された。ビアンは冬休み中、建設工事のアルバイトをしながら新作のラップに取り組んだ。

一方で、卒業生やPTAも立ち上がった。「北星余市の存続を願う会」が組織され、学校に応援メッセージを送った。存続を求める署名活動も始めた。

二〇一六年一月末。生徒募集のための教育相談会が大阪で開かれた。さまざまな年代の卒業生が駆け付け、不登校の子どもや親の相談に乗った。かつて取材した卒業生の一人に「立派になっちゃって」と声をかけると、「すっかり老けちゃって」と返された。

よしじ（柴田能至さん）とも、この会場で再会した。

「生徒が減っているのは聞いていたから、廃校案は静かに受け止めた。むしろボクたちOBの火の付き方にはびっくりしたね」

「ＪＮＮ報道特集」が、北星余市の廃校問題を取り上げてくれることになった。

この番組は北星余市の企画を一九九八年から二〇〇二年まで五年連続で放送した。二〇〇一年の放送回ではヨシイエ初担任の一年を描いている。学校のＰＲのために放送しているわけではもちろんないが、結果として、不登校だった多くの子どもたちを北星余市に導いてきたのも事実だ。これまでは卒業式まで取材して春に放送というパターンだったが、今回はそれを待ってはいられない。一週でも早く放送を、とＴＢＳに懇願した。

四月に九十人集まらないと廃校になる……入学者の数を一人でも増やすため、というとジャーナリストとして不適切な言い方になるが、多くの人がこれほどまでに存続を願う学校も稀有なはずだ。改めてこの学校について知ってほしかった。放送は二月十三日に決まった。

安河内校長のインタビューを収録する場所を、私は学校の旧校舎と決めていた。かつてヨシイエが「俺の聖地」と呼んだ場所でもある。

北星余市が高校中退者を受け入れた一九八八年。公立高校の採用試験に受からなかった安河内先生は、やむなくこの高校の教師となった。先生にとっても、旧校舎は思い出深い場所だった。

廊下を歩くと床が軋《きし》んでミシミシと音を立てる。さまざまな匂いが入り混じった埃っぽい空気。薄汚れた二重ガラスの窓の外で、雪が深々と降っていた。

私たちは美術部が使っている旧校舎の一室に入った。

「この教室の中で生徒に雪合戦されて、飴をペロペロ舐められて、教師をやめようと何度も思った。でも、それを乗り越えさせてくれたのも生徒だったので……」

廃校問題が報じられてから、安河内先生は一気に老け込んだ。頭は白髪が伸び放題、目はクマに縁取られ、胃を病んだ人特有の口臭がした。だが、インタビューの間は、時おり笑顔をのぞかせた。

「着任した当初は不良のツッパリ、その後、リストカットとか拒食過食。次が不登校ですね。今では発達障害の生徒もたくさん来ています」

その時代の若者たちが抱えるさまざまな問題と、この学校は向き合ってきた。

「しつこさだと思いますね、北星余市の源は。しつこさの源にはさらに、放っておけないっていう原点があって。人の心に土足で入ったらダメだよっていうのが今の風潮ですけど、うちの場合は、そんなこと言ってたら、三年間一緒に生活できないのでどんどん入り込んで。ときどき生徒に返り討ちにあって、ああ、やられた、とか言いながらも、やっぱり放っておけない。その思いを失くしてしまったら、うちの学校はおしまいです」

生徒を放っておけない学校は、雪が解けるころには「廃校決定」となる可能性がきわめて高かった……この時点では。安河内先生が教室の中を見回した。

「今は石油ストーブですけど、当時は石炭でしたよね」

だるまストーブだ。休み時間になると、生徒たちが代わる代わる暖を取りに来た。私はふとヨシイエの同期、一九九〇年の卒業生の一人が、卒業テストの答案用紙の裏に書いた作文を思い出した。「だるまストーブがある」と題名があった。

――俺は北星がなかったらただのクズ星だったろう。この学校には、人の心をきれいにする何かがあると思う。それは先生の純粋な心、真心だと思う。北星余市には、日本全国の高校生をあっためる、だるまストーブがある。それにあたりながら卒業できる俺。支えてくれた親、友達、そして先生に感謝します。――

「JNN報道特集」には多くの反響があった。とりわけその中に構成したビアンのラップ「始まりは0（ゼロ）」は視聴者の心をつかんだ。存続を願う人たちのテーマ曲になったのはもちろんだが、その後、カラオケ曲になって一般の人たちにも歌われるようになる。

始まりは0　迷い込む迷路
何言われても　差し伸べる手を
俺達の場所に立つ壁　廃校
終わりはしねーよ　やらせねーよ

こんな学校はほかにない
父母や生徒が今を食い止めたい
家の家事も忘れて存続会
そんな親に恵まれて　ほんとありがたい

俺だけじゃない
まして俺らだけじゃない
余市町に家族　ＯＢ
ここはみなを待ってくれる
逃げ場を見つけたんじゃない
過去を捨てたわけじゃない
力無くて来ては無い　力咲かすためのライフ

職員室なんて溜まり場
顔は三十路《みそじ》　20《はたち》過ぎた奴らに
ひきこもり、タトゥー、子持ちも通ってる
鉛筆の芯は未だ尖ってる

涙出ねーよ　卒業後廃校
ないぜ校長泣く学校
次は笑ってくれ　そんなEncore《アンコール》

放送から一カ月半。二〇一六年四月の新入生は、六十人（前年、四十一人）。理事会が存続の目安とした九十人には届かなかった。しかし、放送後の反響と、四月時点で四万六千筆にのぼる存続を願う人たちの署名は、理事会の判断を慎重にさせた。

理事会はその年の募集停止には踏み切らなかった。そのかわり、向こう三年間にわたる存続のための条件を提示した。

第一の絶対条件は、二〇一七年の入学者が七十人に達すること。一人でも足りない場合は、即時募集停止。二〇一八年は、一、二年生を合わせた数が百四十人、二〇一九年は全校生徒二百十人。つまり、三年連続で七十人規模の入学者を維持することを課せられた。

二〇一八年は危うい状況だったが、ギリギリで条件をクリアした。大阪の教育相談会を訪れて入学を決めた七十人目の新入生、藤井琉太《ふじいりゅうた》さん（当時16歳）は、入学後「メシア（救世主）」というあだ名がつく。人を見る目が優しいと担任が評価する琉太さんは、その後、生徒会長になった。

存続か廃校かが決まるまでの間、私は取材を継続し、毎年番組を制作した。その年の入学者の数を伝えながら、在校生たちの物語を綴った。三味線が得意な生徒が「廃校危機なら、一人でも生徒が多いほうがいい」とほかの高校から転入してきた。学園祭のステージで人気を博した彼は、卒業後、プロの三味線奏者となった。ゲーム依存に苦しむ生徒がいた。国会で強行採決されたカジノ法案への疑問を口にした。

「依存になる可能性があるものを、なんでわざわざ作るのか？　治療はたいへんなんだぞ、って言いたいです」

二十九歳の三年生も取材した。十五年間も自宅にひきこもっていた彼は、安達俊子先生のビバハウスで一年すごしたあと、北星余市に入学した。壮絶な過去をテレビで語った理由は「廃校問題」だった。

「自分と同じくらいの年齢の人や、ひきこもってから長い年月が経っている人たちに、北星余市のことを知ってほしいと思うようになったから」

廃校問題の取材を通して、私は学校から足が遠ざかっていた「空白の十二年間」を少しだけ埋めることができた。その間に、北星余市ですごした卒業生や親たちと知り合えたからだ。中には、「母校とともに戦う」卒業生もいた。

太田《おおた》憲人《けんと》さん（当時28歳）だ。二〇一七年、プロボクサーとしてのデビュー戦を勝利で飾った。「北星余市」と大きく刺繍が入ったトランクスを穿《は》いて、太田さんはリングに上がる。

「微力ではあるんですけど、トランクスに名前を入れさせていただくことで、少しでもＰＲになればと思って」

太田さんは二〇〇九年の卒業生。ヨシイエと同じ明治学院大学に進学し、そこでボクシング部に入った。

「中学時代は落ち着きがなくて、結構やらかして先生に怒られるタイプの人間だったんですけど、北星余市に入ったら本当にいろんな人がいて、素の自分を出すことにいつのまにか抵抗がなくなって。ボクシングをやろう、とかもそうなんですけど、まわりから『えっ？・』って驚かれるようなことに踏み込む勇気を、北星余市にもらった気がします」

デビュー戦以来、負けなしの三連勝で、東日本新人王を決めるトーナメントにも出場した。目を悪くしてプロ三年目で引退を余儀なくされたが、母校とともに戦った日々は、チャンピオンベルトにも匹敵する太田さんの勲章だ。

私が「先生」と呼ぶ人を、「ちゃん」付けで呼ぶ卒業生もいた。「そうか先生のほうが年下なのか」と、少しおかしかった。酒が入ると、呼び捨てになる。

「おい、トオル（田中亨先生）。十年後、俺の息子が道に迷ったとき入れる学校残しとけよ」

岩谷直樹《いわたになおき》さん（当時46歳）はそう言った。彼は大阪の教育相談会の常連の一人だ。

「卒業してもう四半世紀になりますけど、何回も転んでるじゃないですか、人生の中で。それでもなんとか立ち上がれるのは、高校卒業できたからなんでしょうね。ウジウジしてんな、止まるな、前向け、って」

岩谷さんは、ヨシイエが三年生のときの一年生。北星余市が三つ目の高校だった。私は学校と下宿で彼を取材した。二十六年ぶりの再会だった。

「もうヨシイエの名前にすがるとか、そんなのいらないんですよ。もっといろんな世代の多様な卒業生たちが、北星余市の旗を振って発信していかないと」

「今、楽しい？」

その義家氏は、廃校問題をどう見ていたのか？

二〇一五年十二月十一日。廃校問題が新聞で報じられた翌日、氏は自身のFacebookにコメントを掲載している。

「（略）母校を後にして今年で丸10年が経ちますが、心には常に北海道、そして母校への思いがありました。当時、暮らしていた小樽の自宅は、今もあの頃のまま残しております。時に訪れた際には、必ず北星余市を訪ね、家族３人で外から眺めてきました。思い出を、感謝を、願いを家族に語ってきました。（略）教育者の立場から客観的に北星余市の教育を考察すれば、それは極めて大切で、必要であると私は確信しております。時代、時代の青少年問題を映す鏡として、怯まずに生徒たちと共に歴史を刻み、だからこそ、学校、民営の寮・下宿を筆頭とした地域、そして保護者が三位一体となって彼らの成長を見守る。そのような教育を体現してきたのが北星余市高校です。

学校の灯火は、ひとたび消えてしまえば、同じ温もりのまま再び灯すことは大変、困難です。私は、これまで直面してきた数多の危機を、地域、保護者、教師集団の総力で乗り越えてきた北星余市の教育の未来を、信じています。そして、その教育の意味を改めて多くの方々にご理解いただき、これからも道に迷う若者たちの『希望』であり続けて欲しいと切望しております。

（略）」

「家族3人で外から眺めてきました」と書いている。つまり、中には入っていない、と。

義家氏は、退職した翌年、二〇〇六年三月四日の卒業式に来校したのを最後に、北星余市高校に足を踏み入れていない。

義家氏は「廃校問題」が報じられる二カ月前の二〇一五年十月九日、文部科学副大臣に就任している。廃校の危機に、北星余市の生徒が暮らす下宿の寮父母たちは地元選出の自民党の国会議員を訪ねた。廃校阻止のラップを作ったビアンがいる「みなと下宿」の寮母、佐藤まりさんや、寮下宿会の会長で北星余市高校が中退者を受け入れる前の卒業生でもある下村《しもむら》秀規《ひでき》さんたちだ。

「北星余市の存続に力を貸してほしい。義家副大臣にもそう伝えてほしい」と訴えた。

しかし、返ってきた言葉は「義家さんは立場もあって動けない」というものだった（義家氏はその二年後の二〇一七年、加計《かけ》学園問題が発覚したあと、文科副大臣の任を離れた。「立場」は変わったが、寮父母らの訴えに応える行動をした形跡はない）。

ただ、北星余市の廃校問題を解決するための提案を、義家氏は近しい人に語っていたようだ。氏は余市の隣町、仁木町《にきちょう》にある通信制高校「北海道芸術高等学校」のチーフアカデミックディレクターを務めている。参議院選挙の四カ月後、二〇〇七年十一月からだ。一戸弘利先生と千葉敏之先生は、一時期、この高校で講師をしていた。それぞれ知人に依頼され、一戸先生は二〇一四年（当時75歳）から五年間、千葉先生は二〇一五年（当時63歳）から六年間勤務した。

この間、学校で義家氏の姿を見たことはないそうだ。

義家氏はこの通信制高校と北星余市を「統合するようなことはできないか」と周囲に語ったという。安河内校長は聞いたことがなかったので、雑談レベルのものだとは思うが。

前出の卒業生、鳥居真由子さんは、廃校問題についての義家氏の思いを直接聞いている。氏と妻の裕美さん、ヨシイエの受け持ちだった卒業生の四人で、横浜の中華街で食事をしたときのことだ。

「なんとかしたいんやとは言うてました。でも自分がどこまで踏み込んでいいんかわからん、て」

真由子さんは義家氏のインスタグラムを閲覧するなど、彼を応援し続けているが、ずっと気になっていたことがあった。それを中華街での食事の席で本人に言った。

「あんた、悪い顔になったな」

昔のヨシイエを知る人たちの多くが同じように感じているのではないか？　顔つきが変わった、と。

「そしたらヨシイエ、『何言ってんだよ？』とか、『変わってねえよ！』とか言うてましたけど。でもまあ、顔は変わったな、うん、なんでやろ？」

「俺の夢」の代表格であるよしじ（柴田能至さん）は、かつての担任にやるせなさを覚えずにはいられなかった。

よしじから私に電話があったのは、大阪の学校説明会で再会して二カ月ほど経った二〇一六年春だった。「ＪＮＮ報道特集」放送の翌月、インターネット番組が北星余市の廃校問題を特集した。

ビアンが出演して「始まりは０」を歌ったのだが、そのときビアンが着ていたＴシャツが大麻をイメージさせるデザインで、よしじは複雑な心境になったのだという。二度の大麻事件と向き合い、薬物追放の署名や手形などの運動を率いた彼の思いはわかる。

「そこにこだわる俺がおかしいのかなあ」

寂しげな声が切ない。薬物がファッションと結びつく風潮は加速している。よしじたちが起こした薬物追放の運動はビアンたちの生徒会にも受け継がれているが、ラップの世界はドラッグと親和性がある。デザインは別物と、ビアンは感じたようだ。

「それで俺、ヨシイエにも二年ぶりぐらいで電話しちゃったんだ」よしじは言った。

「電話通じなくて、あとから定型文みたいなショートメールが返ってきてさ。私も学校のことはたいへん気にしています、みたいな……話す気がないのか、本人が打ってないのかどっちかだなと思って、もういいや、って。

『困ったら電話してこい』って言ったの、あいつだぞ。『寂しくなったら連絡しろ』って言ったの、おまえだぞ、とか思いながら」

私は、母校という言葉は、私立高校にこそふさわしい言葉だと思っていた。そこが公立高校だとしたら、卒業生が訪ねても知っている先生は異動して誰もいないかもしれない。だが私立であれば「先生、お久しぶりです」「おお、元気でやってるか」という会話がまず確実に成り立つ。これってけっこうすごいことだ、と思っていた。

だが、それは経営が安定しているという前提での話だった。よしじの代は五クラスあったが、担任団五人のうち、二〇二四年現在、在籍している教師は一人だけだ。

よしじがそれまで義家氏への連絡を控えてきたのは、氏の多忙さだけが理由ではない。二〇二四年になって、私はよしじとじっくり話をした。

「迷惑かな、俺らみたいな存在……って思っちゃって。正直、卒業したからってみんな立派になってるわけじゃないしさ。捕まるやつもいるし、ヤクザになるやつもいるし、俺は実際には聞いたことないけどシャブでベロベロになってるやつが、もしいたとしたら、スキャンダラスな話でしょ？　ヤンキー先生の教え子がシャブで逮捕とか、週刊誌飛びつきそうじゃない？　俺らの中ではどんなやつでも友だちだし、俺はどんなに偉くなっても変わらないけど、今の彼にとって、俺たちはどう見えるの？　って気になっちゃう」

そんなよしじが電話をしたのだ。よっぽどのことだと義家氏は思わなかったのだろうか？

当時は廃校問題へのコメントを求める電話がたくさんかかってきたので、「俺の夢」からの電話にも対応できなかったのだろうか？

母校で教育実習をしたよしじは、岐阜で一般企業に勤めたあと、三十歳のときに県内の高校の福祉科で一年間教壇に立った。その翌年は広島県の小学校に着任した。臨時免許を発行してもらって、小学一年生の特別支援学級で副担任として勤務した。しかし、非常勤講師だったため給料が手取りで十八万円。生活のために転職を決めた。

「夢見るバンドマンみたいには生きられなかった、三十すぎてたし。でも、広島での経験は今の自分に生きてるよ。子どもたちの後ろにあるもの、背負っているものとか、家庭とか、そういうものに気づけた。それまで俺がガキだったから気づけなかったものに。あの経験は北星に匹敵する」

よしじにも二〇〇三年の「ヤンキー母校に帰る」全国放送のあと、取材の依頼がいくつも入ったという。伯父が新聞記者でその取材だけは受けざるをえなかったが、あとは断ったそうだ。

「過大評価が怖かったから」とよしじは理由を説明する。

「それにチヤホヤして近づいてくる人間は、去っていくのも早いでしょ？」

もっとヨシイエのネームバリューを使っておけば良かったかな、と笑う。

ヨシイエは自分が退職する理由を、よしじにどう伝えたのか？

「全部まわりが敵に見える、みたいな感じだった。ヨシイエからそう聞いたっていうんじゃなくて、いろいろ聞いて俺の中に残っている印象ね。いいやめ方してないってことは、みんな知ってるんじゃない？」

担任が去った余市でよしじが訪ねた教師は、小野澤慶弘先生と山岸栄先生だった。

「オノザワは、俺、人生の路頭に迷ったときに訪ねて、いろいろ話聞いてもらった。オノザワはヨシイエのことは何も言わなかった。良くも言わないし、悪くも言わなかった。ギシ（山岸先生）はメッチャ怒ってた。『おまえらが連絡取れないって、何よ、それ？』って。ギシは北星余市の先生って感じするね。ちょっとヤバイようなやつらもなついてたし」

よしじは今、名古屋にある材木会社の運送部門で働いている。

「俺は仲間に『助けてほしい』って言われたときに、辛抱強く応えていける立場でありたい。

何かあったら助けてあげたい」

以前、よしじのもとに、ある同級生から電話が入った。切羽詰まった様子で、電話の声は震えていた。よしじは離れた町で暮らす、その同級生のもとに駆けつけた。

「俺もどうしたらいいかわからんけど、とりあえず行くわ、って。連絡受けた翌週には行ったかな。会社に休みもらって。自分を頼ってくれる人が身近なところにいるから、その人たちを支えないと。

人間ってさ、自分の周囲五メートルぐらいのことだってよくわかんないくらい小さいし、桶いっぱいの水飲めって言われたって飲めないじゃない?」

「永遠の生徒会長」という言葉が私の頭に浮かんだ。

義家氏に会ったとしたら聞きたいことはあるか? と私は尋ねた。わずか一、二秒でよしじは答えた。

「今、楽しい?」

よしじの電話に定型文を返した義家氏(当時45歳)は、二〇一六年の八月七日、文部科学副大臣として夏の甲子園の開会式で挨拶した。

「みなさんは全国の球児たちの夢です。そして、私の夢です」

全国にいる「俺の夢」たちは、どんな思いで聞いたのだろう? また、その意味がわかる人たちがどれだけいただろう?

二〇一七年三月。ラップで廃校阻止を訴えたビアン（小林毘鞍さん）らが卒業。義家氏は、十月の衆議院議員選挙で三度目の当選を果たした。

二〇一八年四月。町内に女子寮が新設された。寮父は佐々木達也《ささきたつや》さん（当時39歳）。北星余市高校の卒業生だ。教師を志し、札幌のフリースクールに勤めたが、二十九歳のときに閉校。その後は、農作業のヘルパーや飲食店スタッフなど職を転々とした。北星余市が新しくできる女子寮の管理人を募集しているのを、学校のホームページで知って応募した。

佐々木さんには妻と一歳の長女がいた。母校は廃校問題に揺れていた。その寮父になることに不安はなかったのか?

「廃校になったら仕事はまた探せばいいから、後悔しないように。娘もいたので、逆になんですけど、やりたい仕事をしてたかったんですよね」

この寮を経営するのは、小野澤慶弘先生だ。先生はこの寮のほかに、男子寮も二〇一六年から経営している。その寮父も卒業生だ。「どちらも黒字になったことほとんどないです」と小野澤先生は笑う。

「あ、でも今年（二〇二四年）は珍しく確定申告で税金取られましたね。四万ぐらいかな」

下宿の寮父母たちも高齢化が進み、畳むところも増えてきた。新入生の住まいも確保せずに、募集をするわけにはいかない。先生は空き家となった元学生寮や、退職して札幌などに引っ越した教師の持ち家などを借りて、生徒を住まわせた。

学校と学生寮。北星余市の両輪を、小野澤先生は四苦八苦しながら動かしている。

ヨシイエの親友だった小野澤先生は、義家氏と二〇一三年ごろまで会っていたという。

「東京でも会ったし、彼が小樽の家に帰ってきたときも会ってましたよ」

「先生から見て、政治家になった彼は、以前のままでしたか？」

私がそう尋ねると、「うーん」と先生は大きな声を上げた。

「どうだろう、違ってきてた……。やっぱり、なんだろう、結局彼は自民党に行ったわけで、それが良かったのか悪かったのかはわからないですけど……ちょっとその転身は極端じゃないの？　その見方、考え方は前の自分と違うんじゃない？　ってことは言ったことがありますね」

私は少し安堵した。親友もヨシイエと義家氏の落差に疑問を抱いていたのだ。

「ただそのときは、自分はもう政治の世界にいて、勝手なことばかり言えないんだ、って、ボソッと。話の中味までは覚えてないですけど、ボクが、安倍さんが言ってたことについて、そうじゃないんじゃないか？　って話をしたら、安倍さんに拾われたから、そこは自分の主張を押し通すようなことはできない、自民党に所属してやってるから、みたいなことはチラッと言ってたんですよね」

ヨシイエは北星余市の職員会議では、意に沿わない主張に対してムキになって言い返していたはずだ。小野澤先生に語ったことが義家氏の本心だったとしたら、私は彼の主張もさることながら、態度の変化が気になった。

「一方でもともとヨシイエはアホですから。うちの学校にいたときも、ボクの柔道の授業って一年生はやってないんですね、二、三年生だけで。でもやつは、一年生から柔道やれ、と。あいつらには示しが必要だ、おまえがびっちり体育会系のノリで生徒に示せ、って。いやいや、上からの圧力で押さえ込めって、それはうちのやり方じゃないだろ、って笑ったんですけど」

ヨシイエの冗談だと小野澤先生は受け取ったというが、義家氏なら真顔でそう言いそうだ。


二〇一九年四月。北星余市高校に、七十五人の新一年生がやってきた。二、三年生を合わせると、全校生徒は二百二十三人。理事会が示した二百十人という存続の条件をクリアした。

学園との話し合いは今後も継続するが、廃校案は白紙に戻った。

ヨシイエはかつて講演に飛び回ったころ、「俺は母校のために一生懸命やってるんだ！」と教師集団に訴えた。それは彼の心の叫びだったとは思う。だがその台詞を聞かされ続けた教師たちの中には、こう言い返したかった人もいたのではないか？

「こっちは母校でもないのに一生懸命やってるんだ！」と。

北星余市高校はヤンキー先生の力を借りずに、温かな春を迎えた。

北星余市からの要望――二〇二〇～二〇二四

「こないだ愛星寮で一緒やった山元と飲んだんですよ」

大阪でケイ（矢島圭さん）に会ったとき、そう言われた。第一章でも触れたケイは、ヨシイエやてつじと同期のドラマーだ。現在は大阪の医療福祉生協の本部に勤務し、介護事業部長の地位にある。

「うちの系列の病院に事務システムの営業に来て。ツルッパのおっさんになってたから、名刺交換しても気づかんかった。向こうが、矢島くん？ って」

山元は元ラグビー部員だ。テレビの取材に後押しされて東京の大学に合格した、とヨシイエの不興を買った。ほかの寮生が夕食を終えたあと、一人食堂に下りてきて食べていた（第一章で詳述）。

「そのあと山元と飲みに行ったんですけど、『ヨシイエに電話するわ』って。なんかあいつ、議員会館にちょくちょく出入りしてるみたいで。ちょっと話せ、ってボクも言われて、電話かわったんすわ。『先生って呼んだらええん？』て聞いたら、ヨシイエ『やめてくれよ』って笑《わろ》てました」

山元が義家氏とつながっていたのが、私には驚きだった。高校時代のわだかまりなどシャボン玉のように消えるものなのか？　それとも自分を殺して義家センセイのところに営業に入ったのか？

みんな、生きている。そして、いい年になった。

義家氏は二〇一九年に法務副大臣に就任するが、それ以降は、法務委員長（二〇二〇年）、文部科学委員長（二〇二一年）、文部科学委員（二〇二二年）、拉致特別委員会理事（二〇二二年）、党内の自民党総務会長代理（二〇二二年）など、院内、党内のポストに甘んじている。

二〇二一年三月。この三年前に七十人目の新入生となり「メシア（救世主）」と呼ばれた藤井琉太さんらが卒業した。

二〇二三年三月末。私は北海道放送を定年になった。

しかし、五月、前年から継続取材していた番組を制作した。文科省協力の三十分番組「日本のチカラ」第三百四十一回「〝キラ星〟たちの春〜北の大地を巣立つ〜」。北星余市を描く四十本目、最後の番組だ。

数人の個性的な生徒たちが主人公だが、この年、定年退職をした〝ゴリポン〟こと菊地淳先《きくちじゅん》生（61歳）のことにも触れた。ゴリポンはヨシイエとも担任団を組んだことがある。寮訪問に熱心だとか、弁が立つとか、生徒の面倒見がすこぶるいいとか、スーパー教師の要素はない。だが、卒業式の日、ゴリポンが最後のホームルームで生徒たちに送った言葉に、私は不覚にも涙が出た。

「『ありがとう』と『ごめんなさい』が言える人になってください」

放送のあと、かつて取材した卒業生から手紙をもらった。私が北星余市を描く番組は最後だと、人づてに聞いたと書かれてあった。

「本当に長い間、お疲れ様でした。これからは、ゆっくり旅行、カフェ、美味しい物を食べ休んで下さい！　今まで出来なかった趣味をしながら楽しんで下さい。様々な環境の中で苦しんで困っている子が、河野さんの作った北星のドキュメントを見て元気を貰った事でしょう。私も河野さんと出会えて良かったです。ありのままの普通の姿の自分を撮って頂き、この場を借りて感謝します」

この卒業生は、介護の仕事をしていた。

「今日は、午後から機械浴の患者さんの風呂入れ13人があり、昼の13時半～夕方の16時45分までかかり、マスクしながら入るので汗だくで、また窓を開けていても全然涼しくならずで、頭がクラクラしそうでした。目の中に汗が入ってしみて大変でした。私と同じく一緒に入っていた看護師さんも、暑さでやばいと言ってました。河野さん、暑いので体に気をつけて下さい」

コーヒーカップとドリップコーヒー、クッキーも同梱されていた。

もう一つ送られてきたものがあった。私というより、北海道放送に宛てたものだ。北星余市高校の校長、今堀浩《いまほりひろし》先生からの『「ヤンキー母校に帰る」および関連番組についての要望書』。私自身は直接聞かされていた教師や関係者の思いが記されている。

＊

かつて本校教諭だった義家弘介氏を描いた貴社およびＴＢＳ様の一連の番組について、今一度、確認とお願いをさせて頂きたく、本文書をしたためます。

「ヤンキー母校に帰る」など彼を主人公にした貴社の数本のドキュメンタリー、ＴＢＳ制作で貴社も関わった連続ドラマ「ヤンキー母校に帰る」とスペシャルドラマ「不良少年の夢」については、早い段階から「再放送はしない」というご対応を頂きました。

また２０２０年、連続ドラマについて「ネット配信なら可能だろうか？」とお問合せを頂いた際も、当時の校長、平野純生から「本校の教育が誤解されるので控えて頂きたい」とお願いし、それを聞き入れてくださいました。本校のお願いに対しご理解頂き、格別の配慮とともにご対応いただいたことに対し、拝謝申し上げます。

貴社やＴＢＳ様に権利のある創作物に対して、私どもが要望めいたことを言うのは筋違いだと理解しておりますし、作品が高い評価を受けたことも承知しています。しかしながら、実在人物がモデルであるという事実は、やはり重いと考えます。

本校では、かつて多かったヤンチャな生徒は減少し、自分の気持ちを表現できず人間関係を構築できない生徒が大半を占めるようになりました。ＰＴＡの中にはいまだ本校が「ヤンキー学校」と誤解されていることに不快な思いを抱く親御さんも少なくありません。

貴社やＴＢＳ様の責任と言いたいのではなく、そういうイメージ、色がついてしまったと申し上げているにすぎません。裏を返せば、本校がそのイメージを払拭する北星余市像をアピールできていない力不足を自覚し、反省もしております。

作品に罪はありませんし、２００１年の大麻事件で生徒が減ったあと、あのドキュメンタリーとドラマが本校の教育の姿を日本中に示してくれたことは、経営の手助けともなりました。

しかしながら、義家氏が本校を退職後、在職中とは違う方向性の教育観を発信するようになり、文科省で地位を築いていく中で、「ヤンキー」関連番組が再放送や配信をされることに強い懸念を抱きます。見る人たちが、番組の中の義家氏と現在の彼を同一視する恐れがあります。

ひいては、本校の教育理念からズレが生じた彼の今の教育観を、本校のそれと誤解して受け取る人もきっといると思います。

このような理由から、私どもは、義家氏と彼を描いた番組とは、しっかりと距離を置きたいと考えています。それは今後も変わりません。（略）

以下の内容を、本要望書に、但し書き、として付記させて頂けたらと存じます。

①ドラマ出演者の死亡や逮捕など、ニュースで報じるべき事案が生じた場合は、ドラマ映像の使用はＴＢＳ様の判断に委ねます。本校への事前連絡も不要です。但し、報じる際にドラマのタイトルはやむをえないとしても、「北星余市高校（あるいは、北海道の実在の高校）をモデルにした」など本校につながる枕詞はつけないことを希望します。

②ドラマに出演したタレントがバラエティー番組で「ヤンキー母校に帰る」について語る場合も、本校としてはありがたくはありませんが、①同様、枕詞に細心の注意をお願いしたいと存じます。

③最後に、今回の要望は、北星余市高校関係者の思いです。

時が移ろい、万が一、本校、あるいは北星学園が消滅したとしても、ここに綴った私どもの思いを今後も尊重していただけることを切に願います。

長年本校を取材された河野啓さんが２０２３年3月末で貴社を定年退職されるにあたり、貴社とTBS様の中で今後もずっと私どもの願いが引き継がれることを確認させて頂きたく、「要望書の最終確定版」として本文書を提出させて頂きます。

＊

この年の初め、義家氏は自宅の階段から転げ落ち、骨盤やあばら骨を折る重傷を負った。

「一切書かないでください」

二〇二四年二月頭。安倍派の裏金問題で、義家氏が派閥からキックバックされた三百六十三万円を「『能登半島地震義援金』として被災地に寄付させていただきます」とコメントした。

三月初旬。私は大阪にいた。西梅田駅のチェーンのコーヒー店。広いのに店内は混んでいた。私は入り口が見える席で、真悟（仮名・42歳）を待っていた。

彼が入ってきた。手を挙げようとしたが、真悟は一瞬の迷いもなく私のほうに向かってくる。

二十年近く会っていない。私は相当に老けたはずだ。わかるんだ……私は立ち上がる。

「お久しぶりです」

真悟は背筋を伸ばして奇麗なお辞儀をした。背は高くないがガッシリした体つき。随分、日焼けしていた。あとで聞くと、連日のようにサーフィンに出かけているという。余市の浜で覚えた彼の趣味だ。真悟も「横ノリ同好会」のメンバーだった。よしじの一期上、ヨシイエの「ダチ」の一人だ。

「忙しいのにごめんね」

本を書くことは事前に伝えてあった。ただ、中味はまだ言っていない。

「ボクにできることなら、喜んで協力させていただきます」

真っすぐな眼差しも昔と変わらない。

「いや、真悟……じつはね」

そのとき彼の電話が鳴った。

「就職先からです。ちょっとすみません。……ハイ、もしもしタカヤマです。お世話になっております」

声のトーンが高くなった。「お世話になっております」は就職先に使う言葉ではないが、これまでのクセが出たのだろう。真悟はまもなく千葉県に転居する。県内の特別支援学校に保健体育の講師として赴任する。「すみません」と電話を切った真悟に、私は言った。

「ヨシイエのことを書こうと思う」

真悟の表情が動いた。

「話せなかったら話さなくていい。そのあたりで飲もう」

真悟はこの四カ月前まで、義家氏の秘書をしていた。公設第二秘書。第一秘書は、しんちゃんだ。五年間務めた。

「書くからには落としどころってあると思うんですけど、どんな内容ですか？」

「ノンフィクションだからスジ書きはない。取材しながら変わると思う」

「先生は知ってるんですか？」

「取材オファーは一カ月前に出した。返事はない」

予想はしていたが、真悟が困惑しているのが見て取れた。

「とにかく飲もうか」

西梅田駅の古い駅ビルには小さな飲食店が軒を連ねている。私と真悟は三軒ハシゴし、握手をして別れた。

翌日、空港から「昨日はありがとう」とメールをした。すぐに真悟から電話があった。

「昨日は全部本当のことを話しました。でも、本当にすみません。一切書かないでください」

残念というより、むしろ偉いと思った。

真悟もスジが通った人間だ。その意志を尊重する。真悟が語ったことは、この本に一行も書いていない。

第六章 やっぱりおまえはヤンキーだった

夜回り先生の嘆き

「ヨシイエのこと書くの？　それならもっと早く出すべきだったよ」

夜回り先生こと、水谷修《みずたにおさむ》氏（68歳）に取材の依頼をすると、そんな言葉が返ってきた。

水谷氏は毎年、北星余市高校で薬物に関する講演を行なっている。初めて講演をしたのは二〇〇二年。これには、私とヨシイエが関わっている。

前述したが、この前年に大麻事件が起きた。私はこの事件を番組にするにあたって、薬物問題に詳しい水谷氏に横浜の自宅でインタビューをした。その番組を見て、ヨシイエが水谷氏を学校に招こうと発案したのだ。三人で食事をしたことも何度かある。

「ヨシイエとはね、二〇〇五年か六年ごろに関係が切れたな、選挙に出るあたりで。ボクが相当言ったんだ、やめろと。もう少しちゃんと現場で経験を積むべきだ、北星余市に戻れって。そのころはまだボクの電話にも出てた。校長や教師たちに頭下げて戻れ、俺が間に入ってやるから、とも言ったけど、聞く耳持たなかったな。もうあの当時、六本木で飲みまくってて。一回彼の教え子たちとの飲み会にも顔出したけど、そこでも相当言ったんだけどな。

目を見るとあいつの変容がよくわかる。輝いてたよ、あいつの目。大好きだったんだ。けど、どんどん目が死んでって」

水谷氏は横浜の定時制高校に勤務しながら、夜の繁華街をさまよう少年少女と向き合ってきた。その延長線上にあった薬物の問題にも取り組んだ。その活動が時おり報じられることもあったが、夜回り先生と呼ばれてテレビなどでコメンテーターを務めるようになるのは五十代に入ってからだ。

「ボクは年を食ってから世間にデビューした。教員をやめたのは五十歳。そこまでの積み重ねがあるから教育を語れる。マスコミ嫌いだったけど、テレビに出るようになったのは夜回りでは救えない子がたくさん出てきたからだよ。リストカットの子とか、部屋にひきこもって苦しんでる子とか、その子たちにボクの存在を知らせるのに、一番手っ取り早いのはテレビだった」

一方のヨシイエは母校の教師になって四年目で有名になり、講演活動に追われた。

「やっさん（安河内敏先生）から、説得してくれって頼まれたことがあるんだ。彼が学校に来ていない、自分たちも全然会っていない、って。そう聞いて、学校来なきゃダメだっていう話を彼にして。『いや、ボクは北星余市をつぶさないために外を回って生徒を集めている。これも一つの仕事だと考えている』って言うから、それは絶対違うぞ、と。俺も講演をしているけど、学校の授業に穴開けたことないよ。本業はどっちなのかっていう話をしたんだよね。最初はボクの電話を、聞くだけは聞いてた。でも、そのうち反応もしなくなった。結局、ボクのほうで切った。電話番号消したんだ」

ヤンキー先生はメディアに取り上げられたことで人生の航路を大きく変えたが、夜回り先生は七十歳近くなった今も夜の街を歩く。

「ボクの原点だしね。ボクは金を求めない、地位も求めない、権力に媚びないから。ヨシイエと逆だよ。彼はその罠にハマった。権力と金は魅力だもん。

キミにも責任があるよ。やっぱり一つの像を作り上げちゃったから。テレビだからしょうがないし、嘘はついてないけど。あとは本人の問題ですよ」

だってあいつはヤンキーだよ、と水谷氏は笑った。

「ヤンキーはね、その場で考える。その代わり、その場は必死なんだ。命も張るし。後先どうなってもいいわけだから。今で生きてる。その今で生きてるヨシイエが目の前にぶら下げられた地位と金に飛びつくのは自明の理だよ。飛びつかなきゃ、きっといい教員になってただろうな」

水谷氏は教育や薬物問題のほか、若者の就労支援などにも取り組む。政治家や官僚とも交流がある。かつての安倍派が義家氏を陣営に引き込んだ理由をこう明察する。

「ヨシイエが右翼に転身したからだよ。一番使い勝手がいい。安倍氏がっていうより安倍氏の側近が。側近の連中にとって、あんな便利な人間はいない。転向した人間っていうのは転向した段階で傷を負っているから、逆に元の組織に嚙み付くんだよ。

ボクは高校時代、左翼の活動家だったから。転向したやつの弱さっていうのは見てるよ。一緒にやってた左翼の連中、東大行って官僚になったやつが一番きついよ。むき出しになって左翼つぶしに走る。傷を負っているからよけい、純粋に生きている人間が憎いんだよな」

水谷氏はヨシイエと連絡を絶った十年ほどあと、思いがけない形で義家氏と言葉を交わす。衆議院の青少年問題を審議する会に参考人として招かれたときだった。元プロレスラーの馳浩氏が文科大臣、義家氏が副大臣、ともに初めて就任した第三次安倍内閣の審議会だ。

水谷氏は文科省の局長にこんな質問をした。

「あなた方はどんな生徒を作りたいのか、われわれ教員にどういう教育をしてほしいと思っているのか？」

返ってきた答えは「この国の明日を担う優秀な人材を作ってほしい」というものだった。

水谷氏は、異を唱えた。

「あなたはわからないかもしれないが、人には人の分《ぶん》がある。ボクは、やればできる、っていう言葉が一番嫌いだ。あなたが一生懸命バットを振ったって、松井のようにホームランは打てないでしょう？　差別するわけではない。その子自身が持っている、生涯それで生きていけるような能力、その芽を見つける手伝いをするのが教育だ。そこに知識という栄養、経験という栄養、ふれあいという栄養を与えながら、自らそれを伸ばして花を咲かせる、その手伝いをするのが教育なんだ。

この国の優秀な人材って言ったら、落ちこぼれてしまう人間がどれだけいるか？　それが日本の教育をダメにしている」

「じゃあ、水谷先生はどんな学校作りをしたいんですか？」と局長は尋ねた。

「ボクは小学生のとき学校行くのが楽しくて、毎日『青い山脈』を口笛で吹きながら通っていた。今日はみんなと何して遊ぼう？　どんな勉強をするんだろう？　ボクは楽しい学校を作りたい。子どもたちが毎日、ふれあいとか教わることを喜びとして通える学校を作りたい」

そこで挙手して発言を求めたのが、義家氏だった。

「水谷先生、そんな甘いことを言うから、子どもたちが壊れてしまうんですよ」

「義家、おまえにそれを言う資格はないぞ。ヤンキーだったおまえに、学校というのは楽しいところなんだよ、って教えてくれたのは誰だ？　おまえを守り育ててくれたのは北星余市の先生方だ。まさに教育の力じゃないか？　おまえはそれを忘れたのか？」

彼との議論は紛糾したんだよね、と水谷氏は苦笑した。

「かわいそうな人生を生きてしまったなって、ボクは思ってる。権力と金と地位を手に入れただろうけど、次の選挙は相当厳しいと思うよ。同じ神奈川にいるから状況はよくわかる」

教科書をめぐる闘い

「義家さんは、直情径行型と言いますか、猪突猛進型と言いますか、正義感にあふれていることは間違いないです。でもその正義感は、すごく思い込みの激しい独善的な正義感だと私は感じていました」

前川《まえかわ》喜平《きへい》氏(69歳)は、そう話す。

元文部科学事務次官。同省の天下り問題の責任をとって退官した二〇一七年、学校法人「加計学園」の獣医学部新設計画において「(安倍晋三)総理のご意向」と記した文書の存在を証言した。

「あったことをなかったことにはできない」という前川氏の言葉は霞が関の官僚たちに衝撃を与えた。前川氏は現在、講演や執筆活動のほか、自主夜間中学の講師も務める。ひきこもり、外国人労働者、戦争や貧困で義務教育を受けられなかった高齢者など、さまざまな人たちにボランティアで教えている。

前川氏は、自民党文教族の義家氏と関わりが深い。文教族とは、教育行政に関心が高く、政策に強い影響力を持つ国会議員を指す。

「私のほうはテレビで有名になったヤンキー先生だと一方的に存じあげていましたけど、義家さんが私を知ったのは、二〇一二年第二次安倍政権ができて、彼が政権最初の文部科学大臣政務官になられてからでしょうね」

前川氏は政権発足時、文部科学大臣官房長のポストだったが、翌二〇一三年、幼稚園から高校までを担当する「初等中等教育局長」に昇格する。

「この局長時代が、とくに義家さんとの関わりが深かったと思います」

その関わりは、「闘い」と同義でもあった。前川氏は上司である義家氏に、「面従腹背《めんじゅうふくはい》（従うフリはするが内心では従わないこと）」の闘いを挑むことになる。

八重山《やえやま》教科書問題。この問題が表面化したのは二〇一一年、民主党政権下だった。

小中学校の教科書にどの教科書を採択するかは、各都道府県の教育委員会が採択地区を定め、そこで協議されることになっていた。沖縄県南西部に位置する八重山郡（八重山諸島）は、石垣《いしがき》市と与那国町《よなぐにちょう》と竹富町《たけとみちょう》、三つの自治体が同じ採択地区だった。

「ところが、中学校の公民の教科書をめぐって意見が割れたんです」

石垣市と与那国町は保守色の強い「新しい歴史教科書をつくる会」（一九九七年結成）系の育鵬社の教科書を採択した。しかし、竹富町は「育鵬社版は米軍基地問題についての記述がない」などの理由で、リベラルな東京書籍を使いたいと主張した。

三つの自治体の協議は二度行なわれ、八月の採択地区協議会では育鵬社版が採択されたが、翌九月、三つの自治体の教育委員が全員参加した臨時総会では多数決の結果、東京書籍版が逆転採択されていた。

「私自身は、意見が割れたということは、どっちが正しくてどっちが間違っているということではない、どっちにも教科書を無償供与するか、どっちにも無償供与をしないか、喧嘩両成敗的な対応しかないと考えていました」

ところが、この問題をめぐって文科省を厳しく追及する議員がいた。

「その急先鋒が義家さんですよ。竹富町だけを悪者にして、文科省はちゃんと指導しろ、要するに、育鵬社を採択しろ、と。彼は石垣市の保守系の市長や教育長と密に連絡を取っていた。義家さんの迫力に、担当の初等中等教育局は圧倒されちゃったんです」

当時の自民党は野党にすぎない。しかし、前川氏によれば「役人の多くは、民主党政権は長く続かないと踏んでいたんですよ。次の総選挙で自民党が与党に返り咲くだろうと。情けない話ですが、今の大臣・副大臣よりそっちの言うことを聞いておいたほうがいい、将来出世できる、と考えていた」。

この問題に対する民主党政権の解決策は、「石垣市と与那国町には教科書を無償供与する。竹富町には無償供与はしないが、採択すること自体は認める」。つまり「自前で購入するならどうぞ」という判断だ。対象となる生徒は二十二人、全員分で一万六千円ほど。町は寄付で賄った。

「それなりにつつがなく収まったはずだったのに、第二次安倍政権ができた途端、この問題を蒸し返したんですね」

二〇一三年三月、文科政務官の義家氏は、市民団体が抗議する中、竹富町の教育委員会に乗り込んだ。竹富町の役場や教育委員会は石垣市内にある。竹富島のほか、西表島《いりおもてじま》、黒島《くろしま》など町内の離島を結ぶ船はない。いずれも石垣島が航路の起点となっているからだ。義家氏は「(最初の)協議会の決定には拘束力がある。従わない場合、訴訟も辞さない」と竹富町の教育長に迫った。

「八重山教科書問題の裏側には、自衛隊の基地問題があるんですね。育鵬社の教科書には、自衛隊の役割とか尖閣諸島のこととか、石垣市の市長にとって都合のいいことがいっぱい書いてある」

石垣市長の中山義隆氏は、二〇一八年、政府から要請があった自衛隊部隊の受け入れを表明する。これに反対する市民グループが有権者の四割にあたる署名を集め、賛否を問う住民投票を行なうよう求めたが、石垣市議会は否決した。二〇二三年にはミサイルも配備された石垣駐屯地が開庁した。

戦争マラリア

当時の竹富町の教育長は、慶田盛安三《けだもりあんぞう》氏。慶田盛氏は「戦争マラリア」を生き延びた人だった。

太平洋戦争末期の一九四五年、八重山諸島ではマラリアによって三千六百人あまりが命を落とした。米軍の侵攻に備えて駐留した日本軍が「戦闘の妨げになる」と、住民をハマダラカが多く生息する山間部に強制疎開させたのだ。食料に窮した軍が家畜を強奪するためでもあった。

「住民たちは、あそこに行くとマラリアにかかる恐れがあるのは知っていた。やむなく行って亡くなったんです。だから慶田盛さんたちには、同胞は日本軍に殺されたという思いが強い。軍隊は決して自国民を守らないと身をもって知っている。自衛隊に対する拒否感がある。自衛隊についていいこと書くより、米軍基地があること自体が問題だとする東京書籍の教科書のほうが実情を正しく伝えていると考えていた」

前川氏は担当局長としてこの問題に苦悶した。

竹富町に非はない。無理な要求をしているのは政府だ。竹富町はいざとなれば訴訟を起こせばいい。前川氏は、もし裁判になったら竹富町はこう主張すべきだという内容を「そのときが来たら慶田盛さんに渡そう」とメモにまとめておいた。その一方で、慶田盛氏を竹富町から文科省まで呼びつけた。

「本当は、お越しいただいた、という思いなんですけどね。メディアが写真を撮る頭撮りでは、要求に応じてもらわねば困る、と厳しい表情を崩しませんでした」

慶田盛氏も会談後の記者会見で「二千キロも離れた場所からはるばる来たのに、理解してもらえなかった」とひどく落胆してみせた。これも慶田盛氏の演技だった。

前川氏は水面下で、竹富町を共同採択地区から外す「作戦」を進めていた。採択地区を決定する権限は、沖縄県の教育委員会にある。県の教育長、諸見里明《もろみざとあきら》氏にも事前にその作戦を伝えてあった。

教科書無償措置法の改正に動いていたのだ。前川氏はこの法律の条文の「採択地区の設定単位」が「市もしくは郡の区域」とあるのに着目した。

「今どき『郡』なんて言葉、使わないじゃないですか。何々県何々町って言い方が一般的ですよね。あの町は何郡だ？　って意識する人も少ない。でも、この法律には郡という行政区画が残っていた。郡単位で町村をまとめていたんです」

全国的に市町村合併が進み、郡の異なる町や村が飛び地合併するケースも増えた。前川氏は「郡ではなく市町村でまとめるべきだ。郡をまたいでもいいし、郡が割れてもいい。郡単位でしばりをかけるのは合理性がない。市町村単位でいい」と国会でも説明した。

二〇一四年、条文の「市もしくは郡の区域」は単に「市町村の区域」に改正された。郡のしばりがとれると、沖縄県の教育委員会は即座に動いた。同じ八重山郡の三つの自治体のうち、竹富町だけを採択地区から独立させたのだ。これによって竹富町は教科書を独自に選択できることになった。

これに激怒したのが義家氏だった。この前年、竹富町の教育委員会に自ら乗り込み、育鵬社の教科書を使うよう迫った彼は、法が改正され採択地区が変わったときにはもう政務官を外れていた。しかし、自民党の文部科学部会が沖縄県の諸見里教育長を呼びつけた際には、「文科省もおかしい！　沖縄県もおかしい！」と大声でまくしたてたそうだ。

「私は『いや、教育長からは採択地区は変えないと報告を受けておりました』と逃げました。矢面に立っちゃった諸見里さんは立派でしたよ。『教育長としては採択地区を分けるつもりはなかったんですが、教育委員会は合議制機関ですから。教育委員の皆さんが分けるべきだというので、私としてもやむをえませんでした』みたいな説明をなさっていました」

「市町村の区域」という改正された法の規定を踏まえたうえで、県教委で決議されたことを、教育長がくつがえすことなどできない、というわけだ。

教育長の弁明に「あのときの義家さんは、まさに憤懣《ふんまん》やるかたないって感じでしたね」と前川氏は振り返る。

しかし、義家氏が竹富町を猛批判し始める十年ほど前、ヨシイエは沖縄の現状をこう語っていた。二〇〇二年七月、彼が担当する三年生の政治経済の授業。「有事立法」がテーマだった。この場面は番組にも構成し、放送されている。

「みんな、有事立法について意見言ったか？　攻められそうなとき、いったいどうするの？誰がこれ判断するの？　指揮権はぜんぶ内閣総理大臣が持ってるわけだ。でも、たとえば、俺は血を見るのが好きだ、って心の中でいつも思ってる独裁者が総理大臣になったらどうする？なんでもかんでも因縁つける可能性ないか？　ないとは言えないよな？　日本は内閣総理大臣を国民の直接投票で選んでないからな。

たとえば沖縄。沖縄は戦争の惨禍によって、長い間ものすごく傷ついてる県なんです。でも沖縄の人々が『絶対嫌です』って言っても、内閣総理大臣の権限で強制されちゃうんだ」

前の月に、修学旅行で沖縄に行ったばかりだった。

糸満市の平和祈念公園にある石碑には、沖縄戦で犠牲になった二十万人以上の名前が刻まれている。その中に受け持ちの生徒の祖父の名前もあった。ヨシイエはその生徒と一緒に、長い時間手を合わせていた。

「このヘタレが！」

二〇一七年、加計学園をめぐる疑惑が浮上し、国会は紛糾する。

義家氏は二〇一五年第三次安倍内閣で文部科学副大臣に就任。前川氏も二〇一六年、事務方トップの文部科学事務次官になっていた。

「加計学園に関しては、義家さんも、当時の松野博一文科大臣も学園とズブズブの関係ではなかった。加計孝太郎さんは安倍さんの周辺としか仲良くしてこなかったので」

加計学園は愛媛県今治市に獣医学部を新設しようとした。しかし、これに日本獣医師会が猛反発した。会長で獣医師でもある藏内勇夫《くらうちいさお》氏は、自民党副総裁、麻生太郎氏の地元の大番頭で、福岡県議会の議長も務めた人物だ。

「だから麻生さんは当然反対。獣医師会の応援を受けていた国会議員も、みな反対。だから安倍さんにただくっついていけばいいっていう問題でもなかったんです、なにしろ、総理と副総理が対立していたんですから。安倍さんに近い萩生田光一さんだって、最初の時点では態度を保留していました」

事態を大きく動かしたのは、二〇一六年十月二十三日。衆議院福岡六区選出の議員、鳩山邦夫氏の死去に伴う補欠選挙だった。獣医師会のバックを受けた藏内氏の長男、謙氏が立候補を表明し、自民党福岡県連は党本部に公認を要請した。ところが、安倍執行部は公認せず、対抗馬を出した。鳩山邦夫氏の次男、大川市の市長だった鳩山二郎氏だ。結果は、鳩山氏がダブルスコア以上の大差で藏内氏に勝利した。

「加計学園の獣医学部の新設を決定づけたのは、じつは福岡六区の有権者だったんです。彼らはそういうことはつゆ知らず投票していると思うし、世の中には全然見えていないと思うんですけど。藏内さんが惨敗したのを見て、松野大臣も、これは安倍さんの勝ちだ、新設を認めるしかないだろう、と傾いたんです」

しかし、選挙の結果や政局はどうあれ、スジとして通らない問題であることに変わりはない。

文科省の大学設置認可基準という告示には、「獣医学部はこれ以上作りません」とはっきりと書いてあった。これには農林水産省も関係している。獣医師免許を所管するのは農水省だ。こうした国家資格が必要な専門職を養成する大学については、文科省だけでは増設の判断ができない。それぞれの資格を所管する省庁と協議しなくてはならないと決まっている。その農水省も将来的な需給を見通し、獣医師養成の規模を拡大する必要はない、と判断していた。

それなのに内閣府は総理のお友だちのために「国家戦略特区」という制度を使って、獣医学部を新設しようとした。「さすがにそれはおかしい」と文科副大臣の義家氏もある行動を起こしていた。

「実際、文部科学省から流出したペーパーの中に、義家さんが出てくるペーパーがあるんですけど、それを見ると義家さんは当時の農林水産省の副大臣だった齋藤健《けん》さん、今、経済産業大臣やってる人ですね（二〇二三年、安倍派のキックバック問題で辞任した西村康稔《やすとし》氏の後任）。義家さんは齋藤副大臣に、『これはおかしいだろ』って言っていますね。つまり、農水省に共闘を申し込んでいるんです。『農水省が獣医学部を作っていいよって言ったら、文科省も作らなきゃいけなくなる。でも農水省はこれまで、獣医学部はこれ以上必要ない、って言ってましたよね？　内閣府に対して一緒に抵抗しましょうよ』って齋藤さんに話を持ちかけているんです」

しかし、農水省の齋藤副大臣は……。

「この話やばいよね、って言ってそれきりになっている。つまり逃げちゃったんですね。農水省は内閣府が編み出した変な理屈にのっかって……従来の獣医師の業務に関する限りにおいては、獣医師は足りている。しかし、国家戦略特区によって獣医師には従来にはなかった新しい業務ができるかもしれない。新しい業務ができる場合については、人材がいらないとは言えない。しかし、それは従来の獣医師の仕事ではないので農水省の問題ではない……って。農水省の問題じゃないって、無責任きわまりないと思うんだけど。

たとえば新薬の開発など獣医師が新たに活躍できる業務があるんじゃないか、とかね、そんなこと言い始めているんです。文科省の事務方は、なんとかして阻止したい、と思っていた、私も含めて。新薬の開発って、じゃあ厚労省は獣医師が必要だと考えているのか、って問い質した。そしたら厚労省は、自分のところの仕事じゃない、って言うわけですよ。じゃあどこが関知するの？　どこも関知しないんです。内閣府が勝手に新薬の開発だとかわけのわかんないこと言い始めて、それで結局最後は、文部科学省の判断にかかっているぞ、と言われてですね、結局文科省は孤立無援の状態にされて、結局押し倒されちゃったわけです」

淡々と話していた前川氏の口調が、次第に早口になり声量を増していた。当時の悔しさを思い出したのかもしれない。

「義家さん、正義の味方だったら、『これは許せん』って断固闘わなきゃおかしいんだけど。仲間になってもらおうと思った齋藤副大臣にも逃げられちゃって、それで最後はもう声を出さなくなっちゃいましたね。まあ、役人から見ると、結局頼りにならなかった」

前川氏の言葉を聞きながら、私の脳裏に、ヨシイエが生徒によく言っていた言葉が蘇った。

「このヘタレが！」

加計学園問題が連日報じられる最中の二〇一七年六月、義家氏は「一般論」と前置きしながらも、こう述べた。

「文科省の内部告発者は、国家公務員法違反になる可能性がある」

いったいどこを向いて政治をしているのだ。

「面従腹背」と「面強腹弱」

前川氏は、北星余市高校を訪れたことがある。最初は二〇一八年十月だ。その翌年二月には東京都内で行なわれた、氏と卒業生によるトークセッションのイベントにも参加している。

「北星余市ＰＴＡ東日本ＯＢ会」の主催だ。会員の一人が前川氏の著書に共鳴し、北星余市とつなげたのだ。

「北星余市高校は修学旅行で沖縄に行くし、平和学習を大事にしていますよね。それに、教職員みんなで話し合って学校のあり方を決めていこう、っていう考えを伝統的に持っている。今の文科省がいう学校ガバナンスとは正反対の思想です。文科省のガバナンスは、校長がリーダーシップを持て、っていうんだけど、リーダーシップの意味を履き違えて、校長のワンマン体制がいいんだ、って思っている校長が公立私立問わず、あちこちにいます。あの高校はそういう専制主義的な学校とはまるで違う」

ヨシイエは北星余市のそうした校風で立ち直り、その校風を愛して母校に帰ってきた。それが今では安倍氏を「第二の恩師」と呼び、自民党保守派の掲げる学校ガバナンスの旗を振る。

「人間て、そんなに変われるものなんでしょうか?」

気づけば私は前川氏に、人生相談の相談者のような言葉を発していた。

前川氏は一瞬驚いた顔をしたが、「私は前の義家さんを知りませんからね。義家さんはああいう右翼的な人だと最初から思っていますから」と苦笑した。

「ただ、要するに、人間としての芯がない、ということだと思いますけどね。目立つ行動はするんだけど、じゃあ本当に確固たる思想を持っているのか、っていうと、なかったように私には見受けられますね。まあ、そういう人は実際たくさんいます。自民党の右派と言われる人たちは、じつは信念持っていないって人が多いんじゃないか、って気がしますね。まわりの人が言っているから、自分もそれに同調しているみたいな人が。でも今、結局そういうところに権力が集中しちゃっていますから……」

前川さんはそこでいったん言葉を切ると、一度頷いた。

「やっぱり彼らが一番好きなのは、権力なんじゃないですか？　権力側にいるっていうことに、なんか快感をお持ちなんじゃないかな。そういう気がしますけどね」

沖縄の離島には恫喝するような態度を取るのに、加計学園問題では農水省に共闘を袖にされた途端、黙り込む……弱い者には強く出て、強い力には沈黙する……ヤンキー先生はなんのために政治家になったのか。

ヨシイエへの二〇〇三年のインタビュー。彼が熱く語った教育論を抜粋する。

「教育はきれいなもの。許せないことだから怒る、素晴らしいことだから本気で褒める。生徒の未来のために頑張る仕事が、きれいじゃなくてどうするんですか？　この世は暗黒だから、法律はこう抜け出せ、融資はこうやって受けろ、って教えます？　そうじゃないでしょ？　俺は精一杯、理想を唱えたいですね。現実がどうあろうと、希望する心を育てたい。そうすれば世の中、変わるんじゃないですか？」

「俺は、目の前にいる人の小さな嘆きを聞いていきたい。『助けて』って言ってる小さな声を聞かないで、『わが国の経済政策は』って言ってるやつら、アホですよ」

「俺は大衆に語りかけるっていうよりは、志ある者、苦しむ者、弱い者の、味方ですから。その人たちのために生きていくわけだから。一億二千万の国民に語るものなどない」

「ヤンキー母校に帰る」というタイトルは、前述したとおり、元はと言えば二〇〇一年に北海道内で放送されたドキュメンタリー番組につけたものだ。ヨシイエが初めて担任を持った一年間を描いている。

放送の二週間ほど前、私が番組のタイトルを告げると、ヨシイエは口を尖らせた。

「俺はヤンキーじゃない。不良少年だ」と言う。「どう違うの？」と尋ねた。

「ヤンキーって頭も柄も悪くて、道端にしゃがみ込んで、まわりを睨みつけてるだけじゃないですか？　俺は違う！　俺は不良少年！　大人たちが作った世の中で傷ついて、苦悩しながら反抗する不良少年！　大人たちが振りかざす権威に異を唱えるのが不良少年ですよ！」

ヨシイエが義家氏だとしたら、彼は「権威に擦り寄ったヤンキー」であり、「不良少年」などではなかったことになる。

権力になびくヤンキーは、醜く、哀れだ。前川氏が「面従腹背」なら、義家氏は「面強腹弱」だ。

そう思う一方で、私は、同情も禁じえなかった。それがヨシイエに対してなのか、義家氏に向けたものなのか、判別はつかない。

義家氏が共闘を持ちかけた農水省副大臣だった齋藤健氏は、世襲議員ではないが、東京大学経済学部卒業、ハーバード大学でも学んだエリートだ。二〇一七年の第三次安倍内閣では、安倍氏が敵視する石破派に属しながら、農林水産大臣に任命された。二〇二二年には法務大臣、二〇二四年九月現在は経産大臣だ。頭脳明晰で、処世術にも長けているのだろう。

秀才と世襲議員が牛耳る政界。そこで義家氏が求められたのは、ヤンキーのイメージのままに強い言葉で誰かを罵倒することだけだったのかもしれない。

私は胸の痛みを感じながら、ヨシイエとも義家氏ともつかぬ人物に言葉をかけたくなった……。

つらかったろうな。悔しかったろうな。ぶん殴ってやりたいやついっぱいいたんだろうな。何人かは本当にぶん殴っちゃったかもしれないな。自分なんてなくなっちゃったのかもな。「なんでこうなっちゃったんだ」って秘書のしんちゃんに酒の席でヤツ当たりしているかもな。「もう一度母校に帰れたら」なんて思ったこともあったかもしれないな。でも「この道を進むしかない」って考えてるんだろうな。まだまだ手に入りそうもない権力を求めて、突き進むしかないのかな。それとも限界を感じて半分あきらめかけているのか。どうすればいいのかわからなくなっているのかもな。学校やめるとき、俺の取材を受けなければ「こんな日を迎えることはなかったかも」ってメールに書いてたけど、今も変わらず、そう思ってるかもな。だとしたら、ゴメンな。

第七章　道の先

「ヨシイエには合ってないいんじゃないかな？」

ヨシイエには、ライバルだった同級生がいる。

「数学のテスト、私に二点勝った、って得意になってました。負けず嫌いですよね、ヨシイエは」

正谷絵美《まさたにえみ》さん（53歳）。神奈川県相模原市の中央区に暮らす。隣接する南区、緑区は、二〇二二年に区割りが変更されるまでは義家氏の選挙区だった。

絵美さんは日々、生活圏のあちこちで義家氏のポスターを目にする。住む場所が近いだけではない。絵美さんは、国会議員や県会議員に多くの知人を持つ。義家氏の後援会長を務める人物に取材を申し込んだときも（前述のように、結果断られたが）、私は絵美さんに相談し、彼女が親しい地元の経済界の人から先方の意向を確認してもらった。

絵美さんは、謎多き女性だ。北星余市高校を卒業後、香港、フィリピンのセブ島、北京と海外で働いた。その間、私は彼女と一、二度、メールと電話でやりとりをしたが、再会したのは二〇〇八年、絵美さんが中国の著名な書家を北海道に案内したときだった。書家の北海道紀行を番組にするとのことで、中国のテレビクルーも同行していた。札幌のホテルで長男（当時8歳）、二男（当時5カ月）と一緒に食事をした。ロケ先の小樽では、担任だった安達俊子先生にも会ったそうだ。

二〇一八年九月にも会った。忘れもしない、北海道胆振《いぶり》東部地震の前日だった。この七年前に「防災士」の資格を取った絵美さんは、北海道中央部、芦別《あしべつ》市の防災訓練に指導員として招かれていた。宿泊は札幌だったので、夜に会って軽く飲んだ。別れて四時間後の午前三時すぎ。地面が大きく揺らぎ、数分後、街中の電気がすべて消えた。ブラックアウトだ。

「大丈夫ですか?」と絵美さんから電話が入った。「大丈夫」と答えると、「私たちはこれから災害支援の準備をします」。

絵美さんは防災訓練に同行した仲間と、避難所の一つである札幌市内の中学校に向かった。ところが……「防災時の備蓄リストと照らし合わせたら、その三分の一しか倉庫に入っていなくて、ライトすらなくて。危機管理が杜撰《ずさん》すぎます」。

絵美さんたちはツナの缶詰を調達して、オイルランプを作った。ティッシュをこよって芯にし、火を点す。ティッシュとサラダ油を補充すれば長時間持つ。市の防災担当職員が「まさか、札幌でこんな地震があるなんて思ってもみなかった」と言った。その言葉に怒りを覚えた仲間が職員に向かっていきそうになったのを、絵美さんが制止したという。

二〇二四年一月からは、能登でも支援活動をしている。現場だけではなく、都内の大学で週に一度「災害支援論」の講座も持つ。要救助者に見立てた人形をロープで二階まで吊り上げる実技指導などもあって、履修を希望する学生は多いという。そのほか、農薬や化学肥料を使わずに栽培した米を児童福祉施設や貧困家庭に届けるボランティアもしている。

中国と太いパイプがある大御所作家の秘書もこなし、国会議員が中国の要人と会う際の通訳も引き受ける。彼女が不定期に勤務するオフィスがあり、そこの名刺を渡されたが、「うっかり電話やメールをしたら、とことん調べられますから注意してください」と言われた。「そんな名刺、渡すなよ」と大笑いした。

絵美さんは、自民党安倍派の議員ともつきあいがある。卒業以来、ヨシイエと顔を合わせていないのがむしろ不思議なぐらいだ。

「ある政治家に、じつは私、ヨシイエと同級生なんですって話をしたら、微妙な空気が流れちゃったことがありますね。役人とかと話しても、みんな顔見合わせる感じなんで、これは何かあるんだろうなあ、って」

義家氏の選挙を手伝うのは、おもに地元の自民党員だ。絵美さんの知人もいる。

激戦区である衆議院神奈川16区（厚木市、伊勢原市、海老名市）

「選挙のたびに、たいへんだっていう声は聞きます。出るんじゃないですか、イライラが。当たっちゃうんじゃないですか、まわりに。想像ですけどね。人間の本質なんて、そんなに変わらないじゃないですか。

この選挙区いつも最後までもつれるんですよ。後藤さんもパワハラ報道があったけど、厚高（神奈川県立厚木高校）出身で選挙区内に同級生が多いし、ヨシイエ、いつも苦戦しますよね」

義家氏は二〇二一年の衆議院選挙で、立憲民主党の後藤祐一氏（55歳）に敗れている（比例復活）。

「議員っていう世界は、ヨシイエには合ってないんじゃないかな？　逆にかわいそうな気もする」

「どういうこと？」

「前に押し出されちゃったみたいな。そういうのって本人が持っているものだとは思うんですけど、出したい側と本人の状況がたまたま噛み合っちゃった。噛み合わなくても後ろから蹴られて出なきゃいけない場合もあるんでしょうけど」

担がれてしまった悲しみを、義家氏に感じると話す。

そういう絵美さんも「選挙に出ないか？」と打診されたことがある。

最初は二〇一九年の相模原市議会議員選挙だった。自民党、立憲民主党、両党の県議会議員に呼ばれたが、こんなことを言って断った。

「叩けばヘドロが出る身体ですから」

「自分の顔が街中に貼られて平気な人の神経がわからない」

続く二〇二三年の市議選でも出馬の話があったが、これも辞退した。この年の市議選では、かつて義家氏の秘書を務めた小林たかみち氏が、二度目の挑戦で初当選している。

絵美さんは神奈川県の公立高校を二年生のときに中退し、北星余市高校に編入した。ヨシイエと同じ、一年遅れの十七歳。長い髪にパーマをかけた、大人びた女子生徒だった。

北星余市に来た当初は、ほとんど口を開かなかったという。

「口きくのがめんどくさくて。先生は、私がクラスで最初に学校をやめるって思っていたみたいですね。それで、弁論大会に出てみない？　って」

担任の安達俊子先生は、毎年七月に行なわれる校内弁論大会で、絵美さんを二年C組の代表に選んだ。その練習中、先生は「良かった。しゃべれるんじゃないの?」と安堵の表情を浮かべたそうだ。

絵美さんがやめた高校は、規律の厳しい管理主義の学校だった。職員室にプリントをもらいに行くと教師がクシャクシャに丸めてゴミ箱に捨ててしまったこと、両親の離婚のこと、さみしさを癒してくれたのが子どものころから習っていた和楽器の琴だったことなどを語り、最優秀賞を獲得した。

絵美さんは生徒会のメンバーにも選ばれた。もともといた地元の生徒に全国からの転編入生が加わって混沌としていた当時の学校を、会長のしんちゃん(高橋慎一さん)らとまとめていった。

「しんちゃんが秘書やってるから、ヨシイエは議員をやれているのかも。しんちゃん、人に気をつかえる人だから。おとなしかったけど、ちゃんと面倒見てたもんね、不良の人たちのことも」

絵美さんは、しんちゃんにも卒業後、会っていない。

「私たちが生徒会に出たから、ヨシイエがクラス委員長やることになったんじゃなかったかな、リーダー格ではあったし。女子の中でイジメみたいなのがあったんだけど、そういうのを嫌う心もちゃんと持ってた。でも、その委員長が急にキレて廊下に出てったり、黒板叩いたり、教室の雰囲気を悪くするから……。

俊子先生、すごいと思うのは、そこで引き下がらないからね。泣きながらでも止めるし、逃げないから。だからヨシイエも、先生に申し訳ないって改心したんでしょうね」

恩師の異変

安達俊子先生（81歳）が今どうしているのか、書かないわけにはいかない。

札幌の高齢者施設に先生はいる。夫の尚男さん（84歳）とは別の施設だ。先生の妹さんが二〇二四年四月、それだけは教えてくれた。

俊子先生の身辺にはこの前年、重大な変化があった。私は期せずして、その変化に右往左往することになった。

「どうぞ書いてください」

序章で述べたとおり、「ヨシイエについて書くこと」を伝えにいった際、俊子先生は愛猫のラミちゃんを膝にのせて、そう言った。私がオヤッと思ったのはそのあとだ。

「申し訳ないんですけど、農協まで連れて行ってもらえませんか？」

先生の年代では「農協」と呼ぶ人が多いが、用事があるのはＪＡバンクだった。尚男さん名義の口座があるという。

「名義はヒサオだけど、二人で貯めてきた大事なお金なんです」

先生は通帳を私に見せた。子どもがいない安達夫妻が老後を送るには困らないであろう額が記帳されてあった。教育畑一筋、酒はたしなむ程度、趣味に金をかける人でもない。私の貯えとはケタが違う。

「貯金の残高を確認したいんです。引き出されていないか心配で」

事情はよく飲み込めなかったが、俊子先生は「お願いします」と繰り返す。聞けば先生には「世話人」の女性がいて、ちょくちょく訪れては家事を代行したり、病院やデイサービスに付き添ったりするそうだ。しかし、「最近その人が信用できなくなった」「つい数日前は引き出しの中を荒らされた形跡があった」と話す。先生はその人によって「貯金が引き出されていないか心配だ」と訴えた。

「ああ、良かった」

ＪＡバンクで、俊子先生は安堵の表情を見せた。貯金の残高はそのままだった。

「二百万円おろしておきたい」と言う。目のピントが合わない先生に代わって、私が出金伝票に記入をし、届出印を借りて捺《お》した。百万円ずつ入った二つの封筒を、先生が受け取ってビニールの手提げ袋に入れた。銀行か郵便局に別の口座があって、そこに入金するのかな、と私は思っていた。

町内の喫茶店で一緒にランチを取り、「そろそろ帰りましょうか」と私が言ったときだ。

「河野さん、盗まれると困るので、この通帳預かってください」

俊子先生は、尚男さん名義の通帳を私に差し出した。そればかりではない。

「これは受け取ってください。これまでお世話になったお礼です」

ＪＡバンクの封筒一つを手渡してきた。私が手続きをしたのだ。中に百万円入っているのは知っている。

「先生、何言ってるんですか、ダメです！」

押し問答となった。同時に、先生の身に何が起きているかを私は悟った。

私は固辞しながら、取材時に持ち歩いている小さなＩＣレコーダーをリュックから取り出した。先生とのやりとりを録音しておこう、あとあと災いが降りかかってくるかもしれない……と直感が働いた。高齢の先生を公の場でヒートアップさせ続けるわけにはいかない。私は通帳とその金を預かるしかなくなった。


世話人の女性はどういう人なのか、私は俊子先生に尋ねた。北星余市を半年で退学した元生徒の母親だと言う。

退学した年、苗字、出身地……情報は断片的だったが、私には「もしかして」と思い浮かぶ親子の顔があった。私はその晩、ビバハウスのスタッフだった髙崎《たかさき》雄平《ゆうへい》さん（38歳）に電話で尋ねた。

「世話人の栗林（仮名）さんて、陽一郎（仮名）の母親ですか?・」

義家氏が知ったら驚愕するだろう。彼女は、かつてヨシイエが深く関わった人物だった。私も二十二年ぶりに再会することになる。

髙崎さんは俊子先生の自立支援の分野での愛弟子だったが、二〇一八年にビバハウスを畳む段になって、栗林さんがすべての手続きを行なうことになった。ときどき手伝いに来るボランティアにすぎなかった彼女は、いつのまにか安達夫妻の信認を得ていた。栗林さんは髙崎さんから帳簿や通帳を引き継いだ。ところが、

「ボクは栗林さんから泥棒扱いされましたから」

髙崎さんが憤りを隠さずに言った。抗議をしたところ、栗林さんからショートメールが何通も「嵐のように送られてきた」そうだ。

「この人とは関わりたくない」……結果的に、俊子先生とも疎遠になった。

安達尚男さんは二〇二三年の正月に自宅で意識を失い、余市町内の病院に運ばれた。体力が回復したあと、病院のそばの短期入所の高齢者施設に入っていた。

まったくの偶然だが、私が俊子先生に会った二日後、尚男さんはその施設から札幌の高齢者施設に生活の場を移すことが決まっていた。その手はずを整えたのも栗林さんだ。札幌に発つ前、愛猫のラミちゃんの顔を見るため、栗林さんに連れられて十分ほどこの家に立ち寄るとい

う。

栗林美紀子さん（仮名・60歳）。私はかつて彼女の自宅を、五、六回は訪ねている。栗林さんは、ヨシイエが初めて担任をした一年B組のリーダー格だった陽一郎の母親だ。

二学期が始まったばかりの二〇〇〇年九月初旬、大勢の一年生が浜辺で酒盛りをした。陽一郎もその中にいたが、事件が発覚すると彼は行方をくらませた。ヨシイエは毎晩のように陽一郎を車で探し回った。時には、栗林さんもその車に同乗した。

九月半ばの夜。学園祭の準備で学校に残っていたヨシイエに、陽一郎から連絡が入った。会うのは、十日ぶりだ。「家には帰りたくない」と話す陽一郎を、ヨシイエは栗林さんの許可を得て、しばらくの間、自分の家に置くことにした。

その数日後。リーダー不在の学園祭をなんとか乗り切って、ヨシイエが帰宅すると、陽一郎が使っていたベッドの布団が盛り上がっている。

「寝ているように見えますよね」

ヨシイエが布団をめくると、毛布が人の形に丸められていた。陽一郎は再び姿を消したのだ。無人のベッドを見つめるヨシイエの横顔が切なかった。

「このシーンを放送させてほしい」私は余市の町営住宅で暮らす栗林さんを訪ねて、そう言った。夫は車の整備工、栗林さんは新聞配達をしていた。

陽一郎の、顔や姿は出てこない。声も聞こえない。そのうえで、起きた事実とヨシイエの思いを描写したい……私は、そう考えていた。栗林さんにもそう伝えた。

しかし、陽一郎には当時中学生の弟がいた。自分の兄が酒盛りをして余市からいなくなって先生に迷惑をかけた……。それがテレビに出たら、学校で何を言われるかわからない。兄が北星余市に入学するから自分は嫌々この町に引っ越してきたのに、という思いもあった。

結果、許しが出た。放送後、栗林さんに御礼を伝えに行くと、夫と一緒に「(番組は)良かったですよ」と言ってくれた。弟への冷やかしや中傷もなかったと聞いて安堵した。


「ご無沙汰しています」と私が挨拶すると、「え、誰だろう?」と明るい声が返ってきた。細身で、介護士のように動作がきびきびとしている。彼女の軽自動車の助手席に尚男さんが乗っていた。

「河野です」

尚男さんの目が少しだけ動いた。考えているような、ちょっと困ったような表情だ。猫を抱いた俊子先生がやってきた。「ラミちゃん」と尚男さんは破顔した。「なんというところ(施設)に入るの?」と先生が尚男さんに聞く。

「〇〇って言ってたかな」

その隣で私は栗林さんから、尚男さんが札幌市西区の特別養護老人ホームに入ること、要介護4であること、俊子先生が認知症で要介護1であることを聞き出した。携帯電話の番号も交換した。

「時間がないので」と、十分も経たないうちに栗林さんは出発した。夕方、栗林さんからショートメールが届いた。

《俊子さんも河野さんにお会いするのを楽しみにしてました》

朝、「誰だろう？」と言ったのは照れ隠しだろうか。私が来ることはわかっていたようだ。

俊子先生が栗林さんのことで、札幌の弁護士に会う予定であることもわかった。隣町に住む北星余市の元ＰＴＡ、岩佐佳子《いわさけいこ》さん（75歳）が、先生に頼まれて相談を依頼したのだ。日程は、尚男さんが札幌に移った四日後。私はもう、何がなんだかわからない。弁護士との話し合いにも同席した。

栗林さんは、安達夫妻が体調を悪化させたときに入る町内の病院や施設から、高く支持されていた。一方で成年後見人や保佐人という、認知機能が低下した人にかわって法律行為が行なえる立場ではなかった。報酬を受け取っているかどうかもわからない。

岩佐さんなど俊子先生に近い人は、栗林さんがなぜこんなにも安達夫妻のために献身的に行動できるのか？　何か思惑があるのでは？　と疑問を抱いていた。

彼女の息子のことを知る私は、何か祈りにも似た行動なのだろうか？　と深読みをしてしまう。

「俊子先生に穏やかな老後をすごしてほしい一心なので」と、私は栗林さんの自宅を訪ね、一つの提案をさせてもらった。先生の親族（二人の妹さんが北海道内にいた）と岩佐さん、栗林さん、私に、弁護士も交えて「一度会いませんか？」と。これは法律的なことを確認するのが主目的ではなかった。

「写真でも撮っておきませんか？　また先生が不安になったとき、その写真を見てもらって、ほら、この人弁護士さんで、栗林さんも岩佐さんもいるでしょ？　大丈夫、なんの心配もいらないから、って言えますよね」

「少し考えます」と栗林さんは答えた。しかし、別れて一時間ほどして、私が時間を取ってくれた礼をショートメールで伝えると、八通もの返信が立て続けに入った。

《私は金銭管理があったから、責任重大だから、世話をやめれなかった》

《成年後見人の手続きをとる方向でやって頂けると理解してよろしいでしょうか？》

《後見人がついた後、私後見人手続きとるなんか言ってないとか、色々問題が起こる事を察してましたから、俊子さんが大人しくなってからじゃないと、後見人は、厳しいと思ってました》……。

私が急にしゃしゃり出たことに立腹したのは明らかだった。髙崎さんが口にした、栗林さんの連続ショートメールの話を思い出した。

一週間ほどして、私は俊子先生の自宅を約束の時間に訪ねた。二人の妹さんがすでに来ていた。栗林さんの姿はなかった。貯金通帳と百万円をやっと返せる、と私は安堵した。

ところが、通帳は妹さんが受け取ったものの、「お金のほうは差しあげたものですから」と俊子先生が言う。あとで妹さんに渡そうとしたら、妹さんは腕組みまでして返金を拒んだ。私はやむなく、岩佐佳子さんに預かってもらうことにした。状況が落ち着いたら、先生か妹さんに返却しよう、そうするしかない、岩佐さんにもそう言った。

八月。私は俊子先生に電話をした。猛暑日が続いていた。

「この年でこの暑さは堪えます」

そう言いながらも、元気な声だった。小樽からお客さんが来ているとのことで（受話器の向こうから声も聞こえた）長話はできなかった。私が俊子先生の声を聴くのは、それが最後となった。

十二月。俊子先生が余市の自宅にいないと岩佐さんの長男から連絡が入った。ヨシイエの同期生だ。私は栗林さんに連絡を取った。電話はつながらずショートメールの返信が入った。
《俊子さんは、もう河野さんには、会う事がありません、と言っておりました》
その後、百万円の件で、長文のメッセージが何通も届いた。
《おじさんの顧問弁護士とも色々と相談しました》
《年内に振込の完了が確認出来なかった場合は、職場請求となりますので、よろしくお願い

致します》

《河野さん問題は、正直私にとってもチーム（「区役所、区会、病院、介護施設、デイサービス、ケアマネ、本人、親族、全てに私、がチーム」と別メールにあった）にとっても本人も大変迷惑しております》

私から「長文のメールを打つより話しませんか?・」と送ると「病院の外来なので無理」。とにかく矢継ぎ早にショートメールだ。文面がどんどん攻撃的になってくる。

負のエネルギーとでもいうか、人をどんどん塞いだ気分にさせていく圧力。少し怖くなった。

過去にも誰かから、同じような圧迫感を受けた気がした。ヨシイエだ、気分を害したときの。

「自分は安達夫妻のためにやっているのに」

「善意でやっているのに」

……「不愉快だ」

返金ができなくて困っていたのは、私のほうだ。返すなら先生の妹さんだと思ったが、栗林さんは先生の居場所も妹さんの連絡先も教えてくれない。

私は結局、彼女の指示どおり、岩佐さんに預けてあった金を尚男さんの口座に振り込んだ。

栗林さんからのメールに「返金が確認されてからなら、お会いしたり、お話は聞けます」とあった。それを信じることにした。

十二月下旬。私は俊子先生の家に行ってみた。近くで雪かきをしている女性がいた。

「帯状疱疹ができたので、春まで施設に入るって、栗林さんから聞きました。たぶんいつもの短期入所の施設じゃないですかね」

「猫のラミちゃんは？」

「今月の初めに死んだって聞きました。これも栗林さんから」

春には戻るということだろうか？

大阪の介護施設で働く、ヨシイエと同期のケイ（矢島圭さん）に、私は俊子先生のことを相談した。栗林さんから届いたメールの中に、「認知機能が低下してる人に関わる場合、全ての責任を負う覚悟が必要なのでは？」とあったからだ。

この文面が何を意図しているかはわからないが、栗林さんが万一、安達夫妻の世話から下りる、と言い出した場合、誰が世話をするのか？　という切実な問題があった。

ケイは札幌の介護施設にも伝手《つて》がある。俊子先生が栗林さんに対しての不安を訴えていた六月ごろ、先生が「ケイのことを覚えている」と言うので、私はケイに電話をかけ、二人は私の携帯で言葉も交わしていた。ケイは俊子先生が貯金を使えないという最悪の事態に備えて、先生の年金だけでも入所できる施設をすぐに探してくれた。

二〇二四年、四月初旬。俊子先生が余市の自宅に戻った形跡はなかった。私は栗林さんに電話をした。返金したら会える、とメールにあった。だが、呼び出しても応答がない。ショートメールを送った。

《お互い嫌な気持ちになるのをさけたく、電話に出ないのではなく出れませんでした》

そう返ってきた。私は「大事な話がある、と妹さんに伝えてほしい」と頼んだ。

一時間ほどして公衆電話から着信があった。妹さんは「栗林さんを信頼している」「姉はようやく最近落ち着いてきた」と話した。施設の名前などは教えてもらえなかった。私も、卒業生も、同僚だった教師も、もう俊子先生に会えることはないだろう。

序章に、義家氏への取材依頼の手紙を掲載した。その中に「私にも残された時間は長くはないのです」という一文がある。これは俊子先生のことを念頭において書いた。先生が視力の問題で読むことはできないにしても、本という形になったことを伝えたかった。「先生、書きましたよ」と。

もちろん、もっと早く書く決意をしていれば、先生にも読んでもらえた。俊子先生に謝りたい。

北星余市を愛し、教育の力を信じ、生徒たちと真剣に格闘した人たちが、亡くなったり、認知症を患ったりするようになった。

俊子先生と同年代の、一戸先生、山岸先生には、なんとか届きますように。

二〇二三年。俊子先生はラミちゃんにエサをやりながら「私たちにとっては子どもみたいなものだから」と笑顔を見せた。

二十歳のメス猫。北星余市高校の前に捨てられた猫だ、と先生は言った。

「昔はしょっちゅうね、学校の前に犬や猫が置いてかれたの。用務員さんが飼い主を探すんだけど、手っ取り早いのが教員でしょ。それで私も」

ラミちゃんがニャアと鳴く。

「まだ食べるの？」

ニャア。先生が「うんしょ」と立ち上がる。

「栄養あるものにしようか？　チューチューにしよ」

ラミちゃんの皿に先生がキャットフードを盛る。「猫用チュール　まぐろ」と表示がある。

一口食べると、ニャア。もう一口食べて、ニャア。次は食べないで、ニャア。

「あら、お腹が減ってるんじゃないの？　どうしたの？　何か察してるのかな。大丈夫だよ、最後までみるからね」

先生が私を見た。

「ラミちゃん、もう年だから毛が生え変わらないの。自分が長く生きられないのわかってるみたい」

体毛が減り、背骨が浮き出たラミちゃんの背中を、先生は愛おしそうに撫でていた。

「ラミちゃんがいる限りは、ここにいるからね」

先生は今、札幌の施設で何を思っているだろうか？　ヨシイエのことを覚えているだろうか？　義家氏が政治家であることを知っているだろうか？

そしていつか先生がその瞼を静かに閉じるとき、脳裏に浮かぶのは誰の顔で、どんな風景だろうか？

まっすぐな道を歩んだ安達俊子先生を、私はいつまでも覚えていたい。永遠などどこにもないと知ってはいても。

義家氏は、人生の最後に誰の顔を思い浮かべるのだろう？　家族か？　それとも、第一の恩師か？　第二の恩師か？

残酷な「リアル」を味わう

「ヤンキー母校に帰る」という作品、そして、そこに描かれた主人公について、私の思いを語っておきたい。ちょっと持って回った言い方になる。

「ドキュメンタリー」という言葉が、私は好きではない。長い。硬い。重い。説明的。「見ないでくれ」と言わんばかりだ。

ついでに言えば、「ノンフィクション」という言葉にも抵抗がある。初めにフィクションありきで、それをノンと打ち消すなんて、なんだか自虐的ではないか。コンビ芸人の地味な相方が「〇〇じゃないほう」と呼ばれるのにどこか似ている。フィクション様に挑んでいこうという気概がない。

私は三十代前半のころ（今から三十年ほど前だ）、自分が行なっている「事実を積み重ねて人間や社会を描く」営みを、こう呼ぶようになった──。

『リアル』

ドキュメンタリーという教科書みたいな言葉と比較してほしい。熱い。強い。勢いがある。「ドラマ」だってタジタジになる。まるで、かつてのヨシイエだ。

「俺が作っているのはリアルなのだ！」と、私は一人、悦に入っていた。

自分の中でだけそう呼んできたのだが、今思えば、誰かに話して共感者を増やしておけばよかった、と悔いている。ネーミングって、きっと大事なのだ。義家氏を含む自民党の人たちが「裏金」を「還付金」と呼んだように。

第五章でほんの少し触れたが、私は六年前、「ゲーム依存症」に苦しむ北星余市高校の生徒を取材した。その治療の現場で「リアル」という言葉が使われていることを初めて知った。

「でしょ！」という共感と「やられた」という悔しさが去来した。

患者たちは医師の指導のもと、みんなで食材を買いに行って夕食を作ったり、登山やキャンプに出かけたりと、小さなリアル体験を積んでいく。患者にとってリアルは自分をゲームから引き離す悪魔であり、実社会に引き戻してくれる希望の女神でもある。

リアル（ドキュメンタリー）は報じられた途端、作り手のもとを離れ、社会の中でさまざまな化学反応を起こしていく。作り手にとって嬉しい反応もある。

私自身の経験を書く。北海道ローカルの情報番組の担当だったころ、私は末期がんの女性シャンソン歌手の「がんとともに歌う」姿を継続的に放送した。

彼女には離婚して手放した息子がいた。当時五歳。番組を見た知人から母親のことを知らされて、三十三歳になった息子が、札幌に母親を訪ねてきた。二十八年ぶりの再会は、切なく、優しく、温かなものだった。

人生最後のステージ。シャンソンの名曲「生きる」を熱唱した彼女は、息子に車椅子を押されて会場を去った。聴衆の大きな拍手が二人を包んでいた。その一カ月後、女性は旅立った。

「息子と再会できるなんて思わなかった。番組のおかげ」とブログに書いてくれたのが、私は嬉しかった。

しかし、反対に、暗澹たる思いにさせられるリアルもある。ここに描いたヨシイエは、その顕著な例だ。

二〇〇三年に全国放送された「ヤンキー母校に帰る」は、私が制作した百本近い「リアル」の中では、断トツで多くの人に視聴された。一方で、永遠に再放送されることもなくなった。

当時は「そんなバカな」と悲嘆にくれたが、二十年を経て起きたことを噛みしめてみると、こんな言葉が頭に浮かぶ……「なんだか、リアルな話」。

ドキュメンタリーや、ドラマは、作品を指す、それで終わる。

これに対して、私が「リアル」と呼ぶものは、作品発表後の反響や登場人物の変化を含む。つまり、作品とその先、を指す。

廃校問題が持ち上がって、関西方面の教育相談会を何度か取材した。会のあとの懇親会で、酒の回ったPTAから「ヤンキーのイメージがこびりついてしまって、学校も親も正直、迷惑してます！」と言われたことがあった。

「もう放送されたので、私の手を離れました」と笑って受け流したいが、そうもいかない。神妙な表情で頷く。学校がそのイメージを払拭したいという思いは、多くの先生から聞いている、もしくは感じている。

そうした中で、この本を著すことが、学校にとっていいことなのかどうなのかはわからない。意外にも、「ヤンキー先生」が元気を取り戻す結果につながらないとも限らない。

しかし、私は、序章で述べたとおり、「ささやかな事実」「ごく限られた人たちの、大切な記憶を」「歪められたくない」。その後の化学反応は、ケセラセラ。どう転ぼうが、受け止める……「なんだかリアルだねえ」と。

描かれたあとも、その人たちの人生は続いていく。

私にできることは、その人たちの人生が描かれた作品よりもはるかに味わい深いものになるよう願うこと。そして私自身が、より細心に、しかし委縮はせず、一つ一つの「リアル」と向き合っていくこと。

この本を書くと決めてから、かつて取材した懐かしい人たちと旧交を温めた。取材を休んでいた間の関係者とも知り合うことができた。

「今さら書くの?」と突っ込まれることも、「まだヤンキー?」と呆れられることもあった。取材を進めながら、さまざまな思いが去来した。自問自答も繰り返した。

――そもそも、なぜヨシイエを番組に描いたのか?

描かない制作者がいるだろうか?

――ヨシイエを愛したのか? ヨシイエの物語を愛したのか?

おそらく、両方。

――彼がこうなることを見抜けなかったのか?

彼の言動に疑問を持つことはあったが、こうなることを見抜けた人はいなかったと思う。おそらく彼自身を含めて。

――自分に人を見る目がなかったのか?

はい、もしかしたら。

――何か教訓は得たのか？　その後の仕事にこの経験を活かせたのか？

作品には先がある。そこが「リアル」。……答えになっていないですね。

――作品に罪はないのか？

ヨシイエ以外の登場人物には罪はない。作品は微妙。

――制作した側と描かれた側、どちらに責任があるのか、あるいは、どちらがより罪深いのか？

わからない。

――「ヤンキー母校に帰る」は自分にとってどんな作品か？

消してしまいたい過去、と思った時期が長い。今後は……後悔も含めて味わい尽くしたい。

――彼が政治家になってしまったことについて、自身の責任を感じているか？

痛恨の極み。責任もある。この二十年で政治も教育も偏狭で排他的になった。その中心に近いところに彼はいる。

――これからも制作者として生きるつもりか？

生きるのは苦い。人を描くのは怖い。それがわかった今だからこそ、できる仕事もたぶんある。時に残酷な「リアル」を味わいながら、この道を歩んでいきたい。

最終章　「いってらっしゃいませ！」

雨の駅前広場に立つ

二〇二四年五月十三日、月曜。小田急線の本厚木駅前は、早朝から篠突《しのつ》く雨に打たれていた。私の差すビニール傘を雨粒が激しく叩く。靴の中に水が染みるまで五分とかからなかった。もしかしたら今日は中止か、と危惧したが、午前六時前、北口に義家氏は現れた。

「修行僧だな」

仲間の市議会議員らに笑いかけると、すぐに駅前広場の中心部に進み出る。「わたしが、守る」と氏がこぶしを握り締めた板張りのポスターが置かれていた。彼の定位置のようだ。

「おはようございます。衆議院議員、義家弘介でございます。警報級の雨の中、ご出勤ご苦労様です。一週間のスタート、私は皆さまと同じ空の下におります」

マイクは使わない。よく通る声は変わらないが、少し高めのよそ行きの声。スーツ姿。ネクタイはしていない。私の知るヨシイエより体の線が細かった。少しやつれたか。

逆に秘書のしんちゃんは倍近くに太っていて、「どこのヒグマよ」と腹の肉をつまみたくなる。初めは彼とわからなかった。首にカメラを提げている。義家氏のFacebookに載せる写真を撮るためだろう。しんちゃんは赤いウインドブレーカーを羽織っていた。背中のデザインは、義家氏のシルエットに文字が入っている。

「夢は逃げていかない　自分が夢から逃げていくのだ」

同じものを着た若い男性スタッフもいた。去年やめた真悟の代わりに入った人だろう。二十代半ばか？　義家氏はこの年代の卒業生とはつながりがないはずだ。北星余市の関係者ではないと思われた。

義家氏の選挙区である衆議院神奈川県第十六区は、厚木市・海老名市・伊勢原市を区域とする。その一番の中心駅である本厚木駅の駅頭で、毎週月曜早朝、義家氏は有権者に挨拶をしている。氏のＳＮＳでは、その様子が逐一発信されている。

取材を拒まれている私でも、ここなら彼に会える。彼の姿を直に見るのは、小樽の天ぷら屋以来、ちょうど二十年ぶりだ。

この日、会ってどうするかは決めていなかった。思いつかなかった、というほうが正確だ。

声をかけるとしたら、ヨシイエと呼ぶのか、義家さん、と呼ぶべきなのか。「久しぶりだな」と顔に笑みを貼りつけてハグしにいくか、それとも「政治家なら説明責任があるはずだ。俺の取材を受けろ」と睨みつけるか……。

この本を「面白く」するための演出はいくらでもあるだろう。だが私は、その場で心の赴くままに行動しようと考えていた。ここは公共の場所だ。彼の姿を見ているのも、声をかけるのも問題はないはずだ。

「頑張ります。義家弘介です。皆さまへのご挨拶を、朝六時より元気にさせていただいてます。私たちにはやっかいな雨も、農作物には恵みの雨。農業も暮らしも守ります。義家弘介です。頑張ります」

一つだけ、義家氏にかける言葉を思いついた。

「今、楽しい？」

「よしじからの質問だ」と言って、氏にその言葉を伝える手はある。

だが、じつはよしじはその言葉を口にしたあと、少し考えてからこう続けたのだ。

「楽しいよ、って、嘘でもそう言うと思うけど」

私も頷いた。

「あたり前田のクラッカーだ」と親父ギャグをつけ足すかもしれない。

よしじは、生徒時代から抱いていたヨシイエ像も私に語った。

「ヨシイエはたぶん孤独が好きなんじゃないかな」

「そう？　寂しがり屋だと思ったけど」

「寂しがり屋の一人好きじゃないの」

「うーん」と私は唸る。

「寂しがり屋で仲間を呼ぶし、魅力もあるから人も集まってくるけどさ、なんか寂しそうだったじゃん？『どうせ人間の核の部分なんて他人にはわかりっこねえよ』って、そう思って生きてんだろうな、この人は』『案外、会話が成り立たなくてもいい人間といたほうが気楽なんじゃないかな』って、ずっと思ってたよ、俺は」

たしかにタバコ部屋に一人でいるときなど、どこか遠くを見るような不思議な表情を浮かべているときがあった。

「俺らの前では大人を演じていなきゃいけないっていうところもあったんじゃないかな。おちゃらけてくれているのもわかってたし、親父ギャグだって無理して言ってたのかもしれないし。でも逆に、俺たちが彼を支えていた部分もあって。自分で手塩にかけた生徒たちが俺らを最後にいなくなっちゃったわけでしょ。本に恨みごとみたいなの書いてなかったっけ？　そういうところは、すげえ弱いっていうか、人間らしいって思わなくもない」

よしじたちがヨシイエを支えていた。ヨシイエはよしじたちに支えられていた……。

人は誰かのために生きたいと願う。

しかし、その「誰か」が誰であり、どこにいるのかを、知る人は少ない。幸か不幸か、ヨシイエには「誰か」がはっきりとわかっていた。「母校の、後輩でもある生徒たち」だ。自分にしかできない仕事、自分にしか送れない人生。熱く血をたぎらせて、母校での日々を生きた。

その姿は、多くの人の心を揺さぶる「作品」ともなった。

しかし、教師という仕事は、生徒がいて初めて成り立つ。かつてノヘさん（一戸弘俊先生）はこんなことを言っていた。

「職員室でイヤなことあったら、俺、教室で生徒にヤツ当たりするんだ。『なんだ、この机の並べ方は！』とか言ってな」

生徒たちへの信頼と愛情が詰まっている。担任の思いは生徒たちにも伝わる。

よしじも言うように、教師と生徒は支え合い、照らし合う。自身が輝くために必要だった光を、ヨシイエは失った。

元教師は、雨の中、街頭に立つ。主張を変えて、笑顔を作る。

「義家弘介でございます」

よしじは、私との話をこう締めくくった。

「立場みたいなものはあって当たり前だし、後悔もあって当たり前だし、でも今やってることとか抱えてるもののために進むしかないんじゃない？　彼もキラキラ輝いてた時代があったのに批判されてつらかったとは思うけど、結果良かったね、ってところに落ち着ければいいよね」

批判の中に愛がある。義家氏とは対照的だ。脱帽するしかない。

よしじは、ヨシイエという難解な人物について考えざるをえなかったことで、人間として深く、大きく、成長したのかもしれない。そういう意味では、ヨシイエと義家氏はともに彼の恩師だ。よしじに教師を続けることを躊躇《ためら》わせたこの国が、残念に思えてならない。

北星余市高校を番組に描く理由を、私は初めて著した本『よみがえる高校　ツッパリが泣いた！　落ちこぼれが笑った！』（集英社、二〇〇〇年）の中にこう書いた。

「こんなにも魅力的なセリフを吐く『宝石』のような輝きを持った若者たちを、今の教育は『落伍者』として切り捨てている。それは社会にとって大きな損失である——私は本気でそう思う」

ヨシイエも、そんな生徒の一人だったはずだ。

流れに飲み込まれないように

午前七時。義家氏が一緒に挨拶をしている市議らと一列に並んだ。Facebook用の記念撮影。しんちゃんがシャッターを切る。駅前での挨拶は七時半までと耳にしていた。雨なので今日は早めに切り上げるのかな、と思ったら、氏は定位置に戻った。

「野党のように批判ばかり言っていても、生活は、暮らしは、豊かになりません。私たちは政権を担う責任を今週も果たしてまいります。私たちは全身全霊で一つ一つ丁寧に仕事をしてまいります。衆議院議員、義家弘介でございます」

小野澤慶弘先生が二〇一三年ごろまで義家氏と連絡を取り合っていたことは先述した。義家氏が語る教育の中味が百八十度変わったことについて、先生はこう語っている。

「ボクからしたら、初めのころは自民党という組織に所属する手前そう言わざるをえないんだろうなと思ってたんです。彼もそんなこと口にしてたし。でも、いつのころからか彼自身が自らそっちの方向にシフトしていったのかなと思うようにもなってきて。本音がどこにあるのか、判断がつかないところがあるんですよね。彼が完全にそっちのほうにシフトしちゃったのか、本音と建前を使い分けているのか、いまだに推し量りかねるっていうのが正直な気持ちです」

支援者と時おりグータッチをする義家氏を、私は古いビルの軒下で傘を差したまま見ていた。氏との距離は六、七メートル。近いのに、現実感がなかった。かける言葉が浮かんでこないばかりか、感情そのものが湧いてこない。雨音にまじる彼の声が、「今日はひどい天気だな」と仲間に話す鳥の声のように聞こえていた。

どこで義家氏を見つめるか、私はあらかじめ決めていた……距離は通行の邪魔にならない範囲でなるべく近く、彼の視界に入る位置にいよう、と。彼のほうが私に気づけば、私の頭の中にも彼にかけるべき言葉が閃《ひらめ》くかもしれない。そこから会話につながる。駅前広場に着いてから、私はマスクを外していた。

私はダークグリーンの裾の長いレインコートに、同じ色合いのリュック。月曜朝の勤め人には見えないはずだ。密に接していたころとは外見も変わっているし、何よりも、私が厚木に来るとは氏は思っていないだろう。だが、「おや？」という気づきぐらいはあると思っていた。期待していたと言ってもいいかもしれない。現に、義家氏とは何度か目が合った。一度など数秒間、私と視線を合わせたままだった。

だが、営業スマイルを浮かべたままで、氏の表情に揺らぎはなかった。熱心に聞いてくれる人だな、とでも思ったのか、それすら思わなかったのか……。

俺はここにいるぞ。ここでおまえを見ているぞ。

一方で氏は、誰もいない方向にお辞儀をしたりもしている。身についたリズムがあるようだ。

時おり、声をかけてきた支援者と立ち話をする。そのときでもグータッチの常連が近づくと横目でそれをとらえて、素早く反応する。そんな術まで持つ人が、私には気づかない……気づかない素振りかもしれない……わからない……。

年配の女性が氏に話しかけた。長い話になると思ったのか、義家氏は人の流れの邪魔にならないように私のすぐそばにやってきた。

女性を挟んで一メートルの距離だ。会話は断片的にしか聞き取れないが、二〇二四年秋のアメリカ大統領選で共和党の候補となるトランプ前大統領のことを氏は話していた。

「トランプはモンロー主義だから。商売にならないことはしない」

正確にはモンロー主義は不干渉主義をいう。ヨーロッパや世界のことなど気にかけない、つまりアメリカファーストということだ。商売うんぬんとは直結しないのだが、まあいい、それより、俺はここにいる……だいぶ老けたけど、少ない髪も白くなって顔の輪郭はぼやけたけど、間違いなく俺だぞ……。

女性が去ると、義家氏は私のほうは見ずに定位置に戻った。

「義家弘介でございます。ありがとうございます。与えられた場所で丁寧に仕事をさせていただきます」

今度は中年の男性が氏に声をかけた。五分ほど話をする。

「お時間取らせました」と男性は去った。

それにしても、たまにグータッチをするのは皆、四十代以上と見受けられた。「夢は逃げていかない」と言われても困ってしまう年代だ。一人だけ中学生と思しき男の子がいたが、五十代ぐらいの父親と一緒だった。

北星余市で見かけそうな二十歳前後のカップルが相合傘でやってきた。互いの腰に手を回したまま、義家氏の数十センチ先を通過していく。二人とも「ヤンキー母校に帰る」など知らない世代なのだろう。

午前七時すぎから、人が急に増えてきた。市内各方面へ向かう駅前のバス乗り場は長蛇の列だ。道行く人たちの邪魔にならないように、義家氏は差している傘を少し上に持ち上げた。その、手前を、奥を、人が流れていく。街から駅に向かう人、駅から街へ向かう人、二つの流れは川のようだ。

「おはようございます」

二つの川に挟まれた一本の立木のように、彼が見えた。流れに飲み込まれないよう、時代に取り残されないよう、彼は声を上げる。

「衆議院議員、義家弘介でございます。おはようございます。頑張ります」

そんな彼を見ながら、私は心の中で思い浮かべる。カメラを睨みつけていた十七歳のヨシイエを。卒業式で胴上げされていたクラス委員長を。指導に熱くなって指を折った新米教師を。「俺の夢」たちと抱き合って涙したヤンキー先生を……。

朝の挨拶は午前七時三十分まで。あと十分を切った。

「よし」と私は動いた。私も彼とグータッチをしよう。

ビルの軒下を出て、一度遠くまで離れ、そこから駅へ向かう流れに合流した。

「一週間のスタートです。朝の六時から、元気にご挨拶をさせていただいております」

傘を叩く雨音にまじって、再び声が聞こえてきた。視界が動くと心境にも影響を及ぼすのだろうか、私はその日初めて緊張を覚えた。声の主まで、あと五メートル。まっすぐに彼を見る。

「義家弘介です。われわれは雨にも風にも負けません」

四メートル。私は口角を持ち上げた。なぜそうしようと思ったのかはわからない。うまく笑えているかどうかも自信がない。

「今週も地に足をつけてコツコツと、一つ一つの政策を」

あと三メートル。よし、しっかりと目が合った。私はさらに口角を上げ、目じりも下げる。

「皆々さまの暮らしに、そして街の隅々に」

二メートル。彼も私に微笑んだ。私の胸に懐かしさは去来しない。だが少し嬉しくなった。

わかるだろ、俺が？

「切れ間なく、届けてまいります、頑張ります」

一メートル。私は彼に右のこぶしを差し出す。彼が傘を右手から左手に持ち変えた。満面の笑みだ。私も同じ顔になる。

「ありがとうございます」

右のこぶしとこぶしが合わさった。あれ、こんなに小さな手だっけ？　空手を習っていたヨシイエの手は、小さな体のわりにはゴツゴツしていた記憶がある。それに……目の焦点、合ってるか？

通りすぎる瞬間、その人はこう言った。

「いってらっしゃいませ！」

ヨシイエは、もういないのだ。

二〇二四年十月九日　衆議院解散の日に

河野啓

河野啓◉こうの・さとし
1963年、愛媛県生まれ。北海道大学卒業後、北海道放送入社。ディレクターとして、ドキュメンタリー、ドラマ、情報番組などの制作に携わる。高校中退者や不登校の生徒を受け入れる北星学園余市高校の取材では、「学校とは何か?」で放送文化基金賞本賞、「ツッパリ教師の卒業式」で日本民間放送連盟賞を受賞。また、『デス・ゾーン 栗城史多のエベレスト劇場』(集英社)で第18回開高健ノンフィクション賞、『北緯43度の雪 もうひとつの中国とオリンピック』(小学館)で第18回小学館ノンフィクション大賞、第23回ミズノスポーツライター賞優秀賞を受賞するなど作家としても高く評価される。本作では、テレビ制作者として世に送り出した「ヤンキー先生」こと義家弘介氏の人生の〝リアル〟を、悔恨とともにつづる。

ヤンキー 母校に恥じる

二〇二四年 一一月二二日 初版発行

著者 河野 啓
発行者 中野長武
発行所 株式会社三《さん》五《ご》館《かん》シンシャ
〒101-0052
東京都千代田区神田小川町2-8 進盛ビル5F
電話 03-6674-8710
http://www.sangokan.com/

発売 フォレスト出版株式会社
〒162-0824
東京都新宿区揚場町2-18 白宝ビル7F
電話 03-5229-5750
https://www.forestpub.co.jp/

印刷・製本 中央精版印刷株式会社

ISBN978-4-86680-941-0